Eric Perez

Les dangers spirituels qui menacent l'église d'aujourd'hui

Eric Perez

Les dangers spirituels qui menacent l'église d'aujourd'hui

Séductions pseudo-spirituelles, faux évangiles, faux apôtres et faux prophètes

Éditions Croix du Salut

Impressum / Mentions légales

Bibliografische Information der Deutschen Nationalbibliothek: Die Deutsche Nationalbibliothek verzeichnet diese Publikation in der Deutschen Nationalbibliografie; detaillierte bibliografische Daten sind im Internet über http://dnb.d-nb.de abrufbar.
Alle in diesem Buch genannten Marken und Produktnamen unterliegen warenzeichen-, marken- oder patentrechtlichem Schutz bzw. sind Warenzeichen oder eingetragene Warenzeichen der jeweiligen Inhaber. Die Wiedergabe von Marken, Produktnamen, Gebrauchsnamen, Handelsnamen, Warenbezeichnungen u.s.w. in diesem Werk berechtigt auch ohne besondere Kennzeichnung nicht zu der Annahme, dass solche Namen im Sinne der Warenzeichen- und Markenschutzgesetzgebung als frei zu betrachten wären und daher von jedermann benutzt werden dürften.

Information bibliographique publiée par la Deutsche Nationalbibliothek: La Deutsche Nationalbibliothek inscrit cette publication à la Deutsche Nationalbibliografie; des données bibliographiques détaillées sont disponibles sur internet à l'adresse http://dnb.d-nb.de.
Toutes marques et noms de produits mentionnés dans ce livre demeurent sous la protection des marques, des marques déposées et des brevets, et sont des marques ou des marques déposées de leurs détenteurs respectifs. L'utilisation des marques, noms de produits, noms communs, noms commerciaux, descriptions de produits, etc, même sans qu'ils soient mentionnés de façon particulière dans ce livre ne signifie en aucune façon que ces noms peuvent être utilisés sans restriction à l'égard de la législation pour la protection des marques et des marques déposées et pourraient donc être utilisés par quiconque.

Coverbild / Photo de couverture: www.ingimage.com

Verlag / Editeur:
Éditions Croix du Salut
ist ein Imprint der / est une marque déposée de
AV Akademikerverlag GmbH & Co. KG
Heinrich-Böcking-Str. 6-8, 66121 Saarbrücken, Deutschland / Allemagne
Email: info@editions-croix.com

Herstellung: siehe letzte Seite /
Impression: voir la dernière page
ISBN: 978-3-8416-9814-8

Copyright / Droit d'auteur © 2012 AV Akademikerverlag GmbH & Co. KG
Alle Rechte vorbehalten. / Tous droits réservés. Saarbrücken 2012

LES DANGERS SPIRITUELS QUI MENACENT L'EGLISE D'AUJOURD'HUI

Pasteur Eric PEREZ

AVANT PROPOS

La motivation du présent ouvrage répond à la nécessité d'apporter aux croyants de la clarté sur la séduction spirituelle qui a cours un peu partout et dont Jésus-Christ lui-même nous a avertis, tout comme les apôtres, dont l'enseignement est clair et ferme à ce sujet.

Il apparaît vite que le Réveil spirituel en lui-même n'est pas une réponse à la séduction spirituelle puisque c'est justement là où le Saint-Esprit a réveillé l'Eglise de Jésus-Christ et où elle est en pleine expansion que l'ennemi des âmes utilise cette arme qui lui est propice.

Que ce soit dans nos églises d'Occident moins enflammées mais où le Seigneur agit tout de même avec puissance ou dans ces pays où nombreuses sont les âmes à se donner à Lui, la seule réponse qui met un terme à toute confusion et qui est à même d'anéantir l'incompréhension, le flou et le chaos qui naissent de la séduction, c'est la Parole éternelle de Dieu, le Livre Saint qu'il nous a laissé pour guide, repère, boussole, référence suprême.

" **Le ciel et la terre passeront, mais mes paroles ne passeront point**" (Marc 13/31).

Or, Dieu a parlé concernant ce problème crucial et en tant que prédicateur de Sa Parole, attaché à la vérité révélée, je veux me conformer à la saine doctrine émanant de l'enseignement des apôtres et proclamer à voix haute et avec la plume ce qui est la pensée de Dieu et comment il désire que nous interprétions les Ecritures.

C'est ce à quoi je veux dédier cet ouvrage, en laissant parler cette parole, j'ai confiance, comme Paul, en sa puissance pour renverser les faux raisonnements, pour ramener à la saine doctrine, pour même ramener l'égaré dans son bon sens.
Le Seigneur a agi ici et là en ce sens, nous en avons été témoins. C'est pourquoi je n'ai aucun doute sur l'utilité de traiter ce thème des faux évangiles car c'est la forme la plus subtile que prend la séduction.

Le mot grec qui traduit parfois " séduction", *apatê*, notamment dans Marc 4/19, lorsque Jésus parle de la séduction des richesses, évoque une fausse apparence, une fausse impression, une mauvaise influence. Parfois, c'est le mot *planê*, qui est utilisé : il signifie "faire errer loin du bon chemin ".

C'est bien là la tentative de Satan que de conduire loin du droit chemin ceux qui ont commencé à marcher dans la vérité. La Bible dit : "¶ **Ne vous laissez pas distraire, soyez vigilants. Votre adversaire, le diable, rôde autour de vous comme un lion rugissant. Il cherche quelqu'un qui se laissera dévorer**" (1 Pierre 5/8 dans la Transcription Parole Vivante).

Une catégorie de personnes qui se laissent dévorer sont ceux qui négligent l'étude doctrinale concernant les vérités bibliques fondamentales, ils constituent une proie idéale car bien souvent, ils remplacent la connaissance nécessaire de ce qui concerne le Seigneur, Sa Personne, Sa divinité, les fins dernières, etc., par des expériences qui finissent par devenir répétitives et en tout cas surtout sentimentalistes et émotionnelles.

C'est ce contre quoi je m'efforce comme d'autres de lutter, dans les diverses assemblées où j'ai pu exercer mon ministère, ainsi qu'individuellement, auprès des personnes qui sont en questionnement.

Car au-delà même de ce sujet, notre préoccupation est non seulement que les âmes soient sauvées, mais aussi de faire des disciples car nous risquons de perdre ceux que nous avons gagnés, en ne sachant finalement pas comment les garder pour avoir négligé de les enseigner.

Ce dont nous sommes témoins actuellement est un véritable pullulement de faux apôtres et de faux prophètes, avec des doctrines complètement étrangères à la Parole de Dieu et avec des expériences axées sur le surnaturel mais dont nous connaissons la source amère et le fruit démoniaque.

Il convient donc d'éclaircir quelque peu le paysage et d'exposer à la fois ces séductions et les mouvements qui les propulsent, ainsi que les principaux leaders qui en sont les vecteurs et les moteurs.

Table des Matières

AVANT PROPOS..2

1ER VOLET : LES FAUX EVANGILES...7-34

    I - UNE GRANDE PREOCCUPATION POUR JESUS ET POUR PAUL.....................8

    II – L'ORIGINE DES FAUX EVANGILES...11

    III – LA NECESSITE DE COMBATTRE POUR LA SAINE DOCTRINE...............13

    IV – A PROPOS DE L'EVANGILE DES MIRACLES..16

    V – LES CAUSES SPIRITUELLES DE LA SEDUCTION QUI S'OPERE................19

    VI – A PROPOS DE L'EVANGILE TERRESTRE DU SUCCES ET DE LA PROSPERITE 21

        a/ Succès et prospérité..21

        b/ Tendance vers le dominationisme et le néo-réformisme.............23

    VII – LES FAUX PROPHETES SE REVELENT A LEURS FRUITS.......................25

        a/ Juger est-il un droit biblique ?...25

        b/ Caractéristiques des faux prophètes...26

        c/ Pourquoi Dieu permet-il la séduction des faux prophètes ?.........28

    VIII - LE VERITABLE EVANGILE..31

    IX – Pourquoi cette soif insatiable d'un autre évangile?.............................33

2EME VOLET : LA NECESSITE DU DISCERNEMENT SPIRITUEL FACE AUX SEDUCTIONS...35-48

    I/ Qu'est-ce que le discernement spirituel ?..36

    II/ La cause du manque de discernement : l'insuffisance doctrinale............37

    III/ Attention au relativisme..40

    IV/ L'Eglise se soucie trop de son image..41

    V/ Une mauvaise interprétation de la Parole de Dieu....................................42

    VI/ Le refus de la discipline dans l'Eglise 43

    VII/ L'immaturité spirituelle 44

    VIII/ Comment obtenir le discernement spirituel ?..45

Conclusion : 47

3EME VOLET : CE QUI SE PROFILE DERRIERE LES FAUSSES DOCTRINES ET LES SEDUCTIONS SPIRITUELLES..49-62

I – Il y a un antichrist et il y a un esprit d'antichrist........................49

II – Les premières cibles de l'esprit de l'antichrist...........................52

III – Il y a toujours quelqu'un sur le trône de chaque coeur.............55

IV – Ce qui fait que l'esprit de l'antichrist peut vaincre un chrétien : le manque d'amour pour la vérité..57

   a/ Le premier signe de perte de l'amour pour la vérité : abandon du rassemblement...58

   b/ Un deuxième signe de perte de l'amour pour la vérité : le fait que des messages de réprimande nous font penser au péché d'autrui mais jamais au nôtre..59

   c/ Un troisième signe de la perte de l'amour pour la vérité : le fait que les reproches nous mettent en colère au lieu de nous humilier.....................59

V – Ce qui fait que l'esprit de l'antichrist peut vaincre un chrétien : l'amour du plaisir..60

VI – Dieu se constitue partout sur cette terre un reste saint...........60

4EME VOLET : DES ATTAQUES ANTICHRIST CONTRE LA DOCTRINE DE L'ENLEVEMENT...63-77

I - Eléments historiques relatifs à l'Enlèvement..............................64

II - La Bible affirme l'Enlèvement...65

III - Retour de Jésus et sémantique biblique..................................67

IV - Avertissements du Seigneur Jésus quant à l'Enlèvement........68

1. La parabole des 10 vierges..68

2. Référence au déluge et à Noé..71

3. Référence à la femme de Lot...73

V - Paul, 1 Corinthiens 15 et l'Enlèvement.....................................74

VI - Jean et l'Enlèvement..74

VII - Paul, 2 thessaloniciens et l'Enlèvement..................................75

VIII - Véracité de la doctrine de l'Enlèvement..................................76

IX - Les mouvements qui s'élèvent contre la doctrine de l'Enlèvement........77

CONCLUSION...78

APPENDICE 1 : Le mouvement appelé G12......................................80

APPENDICE 2 : la théologie dominioniste ou théologie du Royaume Maintenant 86

APPENDICE 3 : La nouvelle Réforme apostolique.............................94

1ER VOLET : LES FAUX EVANGILES

Lecture : 2 Corinthiens 11/2-28 VERSION SEGOND REVISEE: " **Car je suis jaloux à votre sujet d'une jalousie de Dieu, parce que je vous ai fiancés à un seul époux, pour vous présenter au Christ comme une vierge pure. 3 Toutefois, de même que le serpent séduisit Eve par sa ruse, je crains que vos pensées ne se corrompent et ne s'écartent de la simplicité et de la pureté à l'égard de Christ. 4 Car, si le premier venu vous prêche <u>un autre Jésus</u> que celui que nous avons prêché, ou si vous recevez <u>un autre esprit</u> que celui que vous avez reçu, ou <u>un autre évangile</u> que celui que vous avez accueilli, vous le supportez fort bien. 5 ¶ Or, j'estime que je n'ai été inférieur en rien aux apôtres prétendus supérieurs. 6 Bien que profane pour l'éloquence, je ne le suis pas pour la connaissance, et nous l'avons manifesté de toute manière et à tous égards parmi vous. 7 Ou bien, ai–je commis un péché en m'abaissant moi–même pour vous élever, lorsque je vous ai annoncé gratuitement l'Évangile de Dieu ? 8 J'ai dépouillé d'autres Églises, en recevant d'elles un salaire pour vous servir. Et lorsque chez vous je me suis trouvé dans le besoin, je n'ai été à charge à personne, 9 car les frères venus de Macédoine ont pourvu à ce qui me manquait. En tout, je me suis gardé d'être un fardeau pour vous, et je m'en garderai. 10 Par la vérité de Christ qui est en moi, je déclare que ce sujet de gloire ne me sera pas interdit dans les contrées de l'Achaïe. 11 Pourquoi ?… Parce que je ne vous aime pas ? Dieu le sait ! 12**

Ce que je fais, je le ferai encore, afin d'ôter tout prétexte à ceux qui en cherchent un. Qu'ils se découvrent semblables à nous sur le point où ils se glorifient. 13 Ces hommes–là sont de faux apôtres, des ouvriers trompeurs, déguisés en apôtres de Christ. 14 Et ce n'est pas étonnant, car Satan lui–même se déguise en ange de lumière. 15 Il n'est donc pas étrange que ses serviteurs aussi se déguisent en serviteurs de justice. Leur fin sera selon leurs œuvres. 16 ¶ Je le répète, que personne ne me regarde comme un insensé ; sinon acceptez–moi comme un insensé, afin que moi aussi, je me glorifie un peu. 17 Ce que je dis, je ne le dis pas selon le Seigneur, mais comme hors de sens, avec l'assurance d'avoir de quoi me glorifier. 18 Puisque beaucoup se glorifient selon la chair, je me glorifierai aussi. 19 Vous supportez si volontiers les insensés, vous qui êtes sensés ! 20 Vous supportez en effet qu'on vous asservisse, qu'on vous dévore, qu'on vous dépouille, qu'on vous traite avec arrogance, qu'on vous frappe au visage ! 21 Je le dis, c'est une honte ; il semble que nous avons montré de la faiblesse. Cependant, tout ce que peut oser quelqu'un — je parle en insensé — moi aussi, je l'ose ! 22 ¶ Sont–ils Hébreux ? Moi aussi. Sont–ils Israélites ? Moi aussi. Sont–ils de la descendance d'Abraham ? Moi aussi. 23 Sont–ils serviteurs de Christ ? — je parle en termes extravagants — je le suis plus encore : par les travaux, bien plus ; par les emprisonnements, bien plus ; par les coups, bien davantage. Souvent en danger de mort, 24 cinq fois j'ai reçu des Juifs quarante coups moins un, 25 trois fois j'ai été battu de verges, une fois j'ai été lapidé, trois fois j'ai fait naufrage, j'ai passé un jour et une nuit dans

l'abîme. 26 Souvent en voyage, (exposé) aux dangers des fleuves, aux dangers des brigands, aux dangers de la part de mes compatriotes, aux dangers de la part des païens, aux dangers de la ville, aux dangers du désert, aux dangers de la mer, aux dangers parmi les faux frères, 27 au travail et à la peine ; souvent dans les veilles, dans la faim et dans la soif ; souvent dans les jeûnes, dans le froid et le dénuement. 28 Et sans parler du reste, ma préoccupation quotidienne : le souci de toutes les Églises ! "

I - UNE GRANDE PREOCCUPATION POUR JESUS ET POUR PAUL

C'était donc une grande préoccupation de Jésus, qu'il plaçait avant toutes choses au niveau de ce qu'il convenait de considérer par rapport aux temps de la fin. En effet, la séduction est une réalité qui est en marche depuis longtemps et qui s'intensifie plus le jour du retour de Jésus se rapproche de nous.

Notons au passage que le mot Christ signifie " oint " et qu'aujourd'hui, beaucoup proclament être les oints de Dieu pour telle ou telle tâche, y compris la bénédiction ou le Réveil sur une nation entière. Dans leur idée, ils veulent éclipser ceux qu'ils considèrent comme étant de "simples pasteurs" en attirant l'attention sur leur " onction " et les résultats qu'ils sont capables de produire, alors même que, selon les Ecritures, les bergers sont une réponse de Dieu pour la conservation du bon état spirituel du troupeau.

La notion de l'onction, très mal comprise par beaucoup, fait qu'il y a tant et tant de gens aujourd'hui qui prétendent même apporter l'onction du Saint-Esprit aux autres, la plupart du temps en les faisant tomber au sol comme si c'était la preuve de la réception de ladite onction.

Le sujet abordé dans 2 Corinthiens 11 et ailleurs par l'apôtre Paul est une préoccupation chez lui. Il a constaté à Corinthe une faiblesse parmi les chrétiens, qui tolèrent l'intolérable. Ils étaient déjà divisés au sujet des hommes de Dieu puisque certains prenaient le parti de Paul, d'autres d'Apollos, d'autres prenaient même le parti de Christ, se croyant sans doute plus spirituels que les autres.

Cette fois-ci, l'apôtre constate qu'ils sont prompts à laisser les faux docteurs parler parmi eux et ainsi s'infiltrer mais pouvait-il en être autrement au milieu de chrétiens se divisant au sujet de ceux qui leur avaient prêché la Parole plutôt que de se fonder sur celle-ci et de la mettre en pratique ?

La mise en garde que l'apôtre Paul adresse aux chrétiens de Corinthe concerne 3 vérités : la prédication d'un <u>autre</u> Jésus, d'un <u>autre</u> Esprit et d'un <u>autre</u> Evangile.

Paul ne comprenait pas comment ils pouvaient tolérer cela de la part des faux docteurs car dans son esprit, ce qui s'imposait au niveau de la déformation des Ecritures était la " tolérance zéro ".

Le terme employé pour dire un " autre évangile " ou " un évangile différent " est *hétéron*, qui signifie quelque chose d'une autre nature, d'une autre forme, d'un autre type, d'une classe différente mais en tout cas, il ne s'agissait pas de Jésus, pas du Saint-Esprit et pas de l'Evangile véritable. C'était au fond comme un corps étranger qui était introduit.

Paul insiste au sujet des évangiles différents en Galates 1/6-9 "**Je m'étonne que vous vous détourniez si vite de celui qui vous a appelés par la grâce de Christ, pour passer à un autre évangile. 7 Non pas qu'il y en ait un autre, mais il y a des gens qui vous troublent et veulent pervertir l'Évangile du Christ. 8 Mais si nous–mêmes, ou si un ange du ciel vous annonçait un évangile différent de celui que nous vous avons annoncé, qu'il soit anathème ! 9 Nous l'avons dit précédemment, et je le répète maintenant : si quelqu'un vous annonce un évangile différent de celui que vous avez reçu, qu'il soit anathème !** "

Le mot employé ici pour différent est " *paro* ", qui signifie un ajout.

En fait, les Judaïsants avaient ajouté à l'Evangile de la grâce, en imposant aux païens convertis à Jésus les règles du Judaïsme.
Ce type d'évangile existe actuellement et se traduit par un légalisme exacerbé par lequel les habitudes d'une église ou d'une dénomination deviennent des principes supérieurs aux principes de la grâce émanant de la Bible.
Et combien il est facile de parvenir à tordre l'Evangile, pour en faire un "évangile différent", à savoir, **"un autre évangile"**.

Prenons un autre exemple :

Actuellement, à la manière des faux docteurs gnostiques immédiatement postérieurs au temps de Paul, s'est élevée une hérésie très importante qui enseigne que Jésus n'a pas obtenu notre salut sur la croix du Calvaire, en versant son sang, mais que, quand il est descendu aux enfers, il y a souffert des mains du diable, et qu'il a donc eu besoin de "naître de nouveau" en son esprit dans ce lieu. Cette hérésie enseigne que Jésus a accepté la nature pécheresse de Satan dans son propre esprit ! Par conséquent, il devait naître de nouveau. C'est là un **"autre évangile"**. L'américain Kenneth Copeland est l'un des promoteurs de cet " autre évangile ".

Or, que dit la Bible ?

" **en qui nous avons la rédemption, le pardon des péchés…Car il a plu (à Dieu) de faire habiter en lui toute plénitude 20 et de tout réconcilier avec lui–même, aussi bien ce qui est sur la terre que ce qui est dans les cieux, en faisant la paix**

par lui, par le sang de sa croix. " (Colossiens 1/14,19-20)
Colossiens 2/15 " **il a dépouillé les principautés et les pouvoirs, et les a publiquement livrés en spectacle, en triomphant d'eux par la croix** ".

Jésus a réellement définitivement acquis le salut de l'humanité, la part revenant aux hommes étant de croire en son œuvre et de se l'approprier en lui faisant confiance et en s'en remettant à lui. De même, il a triomphé légalement et judiciairement de l'ennemi de nos âmes. La Bible est claire : il l'a dépouillé de son pouvoir sur ceux qui croient en Lui et il a triomphé parfaitement au mont Golgotha par sa mort expiatoire et sa glorieuse résurrection.

En faisant ses adieux aux anciens d'Ephèse, bergers du troupeau de cette église qu'il avait fondée et aimait tant, l'apôtre Paul fait part à ces hommes de Dieu de sa forte préoccupation pour l'avenir du troupeau :

" **Prenez donc garde à vous–mêmes et à tout le troupeau au sein duquel le Saint–Esprit vous a établis évêques, pour faire paître l'Église de Dieu qu'il s'est acquise par son propre sang. 29 Je sais que parmi vous, après mon départ, s'introduiront des loups redoutables qui n'épargneront pas le troupeau, 30 et que du milieu de vous se lèveront des hommes qui prononceront des paroles perverses, pour entraîner les disciples après eux. 31 Veillez donc, en vous souvenant que, pendant trois ans, je n'ai cessé nuit et jour d'avertir avec larmes chacun de vous. 32 Et maintenant, je vous confie à Dieu et à la parole de sa grâce, qui a la puissance d'édifier et de donner l'héritage parmi tous ceux qui sont sanctifiés. 33 Je n'ai désiré ni l'argent, ni l'or, ni les vêtements de personne. 34 Vous savez vous–mêmes que ces mains ont pourvu à mes besoins et à ceux de mes compagnons. 35 En tout, je vous ai montré qu'il faut travailler ainsi, pour venir en aide aux faibles, et se rappeler les paroles du Seigneur Jésus, qui a dit lui–même : Il y a plus de bonheur à donner qu'à recevoir. 36 ¶ Cela dit, il se mit à genoux, pour prier avec eux tous.** " (Actes 20/28-36).

Paul parle de ceux qui s'introduiront et n'épargneront pas le troupeau, et de ceux qui se lèveront du sein de l'Eglise, pour entraîner les disciples après eux et non après Christ.

Le remède, dans l'esprit de Paul est la parole de la grâce de Dieu, qui a la puissance d'édifier les croyants en leur révélant leur héritage.

En effet, celui qui a connaissance de son héritage se laisse moins facilement détourner que celui qui ignore les vérités énoncées par la Parole de Dieu concernant la position et les privilèges du disciple de Jésus.

Pour revenir à cette idée d'ajout à l'Evangile, il convient de souligner qu'il peut aussi y avoir retranchement. Il existe des gens qui enlèvent de la Bible ce qui les dérangent.

Ils font donc du découpage et si l'on devait scanner leur Bible telle qu'ils la veulent, elle ressemblerait alors davantage à du gruyère, fromage français rempli de trous, qu'aux Saintes Ecritures.

C'est notamment le propre de la théologie libérale qui entend "démystifier" la Bible en prétendant que certains textes de la Bible ne relèvent au fond que du mythe ou bien qui finit par dire que la Bible n'est pas la Parole de Dieu mais qu'elle contient la parole de Dieu.

D'autres viennent avec des faux enseignements et ajoutent également, proclamant des choses que l'Ecriture n'enseigne pas.

Ainsi en est-il des Mormons ou Eglise de Jésus-Christ des derniers jours, dont le fondateur Joseph Smith, a ajouté à la Bible le Livre de Mormon qui, soi-disant, lui aurait été révélé. Ce livre prévaut sur la Bible dans les croyances des Mormons.
Est-il nécessaire de citer le texte suivant, pour démontrer que la Bible contient les réponses à ces réalités qui hélas ont cours ?

" **Moi, je rends témoignage à quiconque entend les paroles de la prophétie de ce livre, que si quelqu'un ajoute à ces choses, Dieu lui ajoutera les plaies écrites dans ce livre ; 19 et que si quelqu'un ôte quelque chose des paroles du livre de cette prophétie, Dieu ôtera sa part de l'arbre de vie et de la sainte cité, qui sont écrits dans ce livre**" (Apocalypse 22/18-19 version Darby).

II –L'ORIGINE DES FAUX EVANGILES

L'origine des faux évangiles émane du mystère de l'iniquité, puissance cachée de l'esprit satanique agissant dans notre monde.
2 Thessaloniciens 2/7 " **Car la puissance mystérieuse de la révolte contre Dieu est déjà à l'œuvre ; mais il suffira que celui qui le retient jusqu'à présent soit écarté** " (Bible du Semeur)

" **Car déjà le mystère de l'iniquité est à l'œuvre, (il faut) seulement que celui qui le retient encore ait disparu** "(Segond Révisée)

" **Certes, le ferment anarchique exerce déjà sa mystérieuse action ; dès maintenant, le principe de la rébellion contre toute autorité constituée fait secrètement son œuvre dans le monde, cependant il ne peut pas agir ouvertement avant que celui qui lui fait échec n'ait disparu** " (Parole Vivante-Transcription faite par Alfred Kuen et donnant tout le sens des termes grecs employés).

Cette iniquité est une puissance secrète, cachée, prête à s'incarner dès lors que ce qui la refrène, lui fait obstacle et l'empêche d'apparaître n'a pas encore disparu.

Comme tous les autres mystères de la Bible, ce mystère est quelque chose qui se révèle progressivement, comme le mystère de la piété, qui concerne la révélation progressive du Christ et de son Eglise, qui aura son point culminant dans le règne éternel de Christ et la révélation des fils de Dieu.

Plusieurs évènements ont déjà préfiguré cette montée du mal, comme par exemple l'époque du Déluge. Dieu a été patient et a même laissé à cette génération le temps de la construction de l'arche pour se repentir.

" **L'Éternel vit que la méchanceté de l'homme était grande sur la terre ; et que chaque jour son cœur ne concevait que des pensées mauvaises** " (Genèse 6/5).

Le mot hébreu pour " grande " est le mot *rab*, qui porte en lui la connotation d'accroissement graduel.

2 Pierre 2/5 nous dit qu'en ce temps-là, Noé a été un prédicateur de justice. Il a exprimé la justice dont ce monde impie allait être jugé de façon imminente.

Plus tard, Dieu parlera à Abraham de ces peuples qui vivaient dans la Terre Promise, Canaan. Il lui dit :

" **C'est seulement à la quatrième génération que tes descendants reviendront ici car, jusqu'à présent, les Amoréens n'ont pas encore mis le comble à leurs crimes** " (Genèse 15/16).

Nous savons que ces peuples passaient leurs enfants par le feu, sacrifiaient à des démons, vivaient dans l'idolâtrie et le crime. Dieu a encore été patient durant plus de 4 siècles et, quand ce fut le temps, le peuple d'Israël fut conduit par Josué dans la Conquête, qui correspondait au jugement de Dieu sur ces peuplades païennes.

Le mystère de l'iniquité, lui, aura son point culminant après la disparition de l'Eglise, Corps de Christ rempli du Saint-Esprit, lors de ce qu'on appelle l'Enlèvement (1 Thessaloniciens 4), ce qui se concrétisera par l'apparition de l'Antichrist, incarnation de Satan sur terre.

C'est en fait le Saint-Esprit qui réfrène le mystère de l'iniquité, en se servant pour cela de son action parmi les êtres humains, au niveau de la conscience, mais aussi au travers de l'Eglise, qui est à la fois le sel de la terre et la lumière dans le monde.
Aussi, cette iniquité se révèle déjà aujourd'hui dans le pullulement de fausses doctrines, de faux docteurs et prophètes et également l'apostasie grandissante, en plus de tout le reste.

De tout temps, le diable a voulu pervertir la semence de Dieu, en ôtant chez la race des hommes justes Sa parole plantée dans les cœurs. En effet, la Bible considère la

Parole de Dieu comme une semence :

"**Quiconque est né de Dieu ne commet pas le péché, parce que la semence de Dieu demeure en lui, et il ne peut pécher, puisqu'il est né de Dieu**". (1 Jean 3/9)
"**…vous qui avez été régénérés, non par une semence corruptible, mais par une semence incorruptible, par la parole vivante et permanente de Dieu**" (1 Pierre 1/23).

La séduction spirituelle obéit à cette volonté de pervertir le droit chemin, la voie sainte que Dieu fraye dans les cœurs des hommes par sa sainte Parole, afin d'égarer ceux qui commençaient à marcher sur le chemin du salut.
D'autres séductions atteignent aussi les personnes en recherche et qui tombent dans des hérésies doctrinales telles que celles enseignées par les Témoins de Jéhovah ou les Mormons et d'autres groupuscules porteurs de faussetés.

Ces hérésies constituent un faux évangile, elles ne parlent pas du même Jésus que celui de la Bible, ni du même Dieu et pareillement concernant le Saint-Esprit et elles déforment encore d'autres vérités bibliques.

A titre d'exemple, le Jésus des Témoins de Jéhovah et des Mormons n'est pas Dieu mais un dieu qui, de plus, aurait été créé. Les motivations qu'ils lui prêtent ne sont pas celles que nous voyons transparaître à la lecture des évangiles mais ils lui en prêtent d'autres ou se limitent à certaines, construisant ainsi des demi-vérités.

A la question : " Pourquoi Jésus guérissait-il les malades ?", un témoin de Jéhovah me répondit " pour établir le Royaume de Dieu". Cela donnait l'idée d'un Jésus froid et glacial accomplissant uniquement un job. Je lui répondis : " C'est ce que l'enseignement de la Tour de Garde (Société Watchtower) vous indique mais ce n'est pas tout à fait vrai. Les guérisons de Jésus participent à l'édification du Royaume de Dieu en ce que, grâce à cette démonstration de la puissance de Dieu, des gens s'attachent à Jésus et deviennent citoyens de son Royaume mais les évangiles nous disent quelle était la motivation centrale de Jésus : il était ému de compassion et c'est pour cette unique raison qu'il guérissait les malades, lui qui, par ailleurs, s'était lamenté de voir tous ces gens errer sans berger ".

Voilà comment sont échafaudés des raisonnements, des dogmes, des doctrines, des séductions qui constituent de faux évangiles, des faux dieux, des faux Jésus, etc.

III – LA NECESSITE DE COMBATTRE POUR LA SAINE DOCTRINE

Jude 3-4 "**Bien–aimés, comme je désirais vivement vous écrire au sujet de notre salut commun, je me suis senti obligé de le faire, afin de vous exhorter à**

combattre pour la foi qui a été transmise aux saints une fois pour toutes. 4 Car il s'est glissé parmi vous certains hommes, dont la condamnation est écrite depuis longtemps, impies qui changent en dérèglement la grâce de notre Dieu et qui renient notre seul Maître et Seigneur Jésus–Christ. "

Jude lance une exhortation à combattre pour la saine doctrine, celle que nous avons reçue du Seigneur, sur le fondement des apôtres et des prophètes. Il nous parle de l'introduction, au sein de l'Eglise de certains hommes impies qui changent en dérèglement la grâce de Dieu et renient Jésus.

Que dire de ces hommes qui font la promotion du rire dans des églises américaines, tels Kenneth Hagin, des lieux où les gens n'entendent plus la prédication de l'évangile mais se tordent de rire durant des heures et s'évanouissent même, demeurant sans connaissance. Les gens vont jusqu'à se retrouver les uns au-dessus des autres. Voilà les séductions qui amènent à une attitude de dérèglement. Quel déséquilibre, qui n'a rien à voir avec la Vie de l'Esprit et l'ordre dont Dieu est le promoteur.

Ce n'est ni plus ni moins qu'un phénomène de foule. Des dictateurs inspirés par le Mal tels Mussolini ou Hitler ont provoqué parmi les foules qui les écoutaient de semblables effets, cela pose donc question.

Christian Delporte, dans son livre " une histoire de la séduction politique ", Ed Flammarion, 2011 , page 110, rapporte un témoignage d'une femme étant venue écouter le discours du Duce, Benito Mussolini : " l'instant où j'ai plongé mes yeux dans les siens est resté tellement gravé en moi que j'en suis encore toute secouée. […] je me suis sentie parcourue de frissons […], et j'ai été prise par une grande envie de rire et de pleurer " ; " j'ai senti des émotions inconnues ".

Nous entendons les mêmes discours et ce sont les mêmes expériences que vivent bien des gens qui courent vers les grands rassemblements, conférences, séminaires, conduits par une soif qui n'est pas la bonne et, en tous les cas, qui n'est pas centrée sur la Parole de Dieu mais sur le désir de vivre uniquement des expériences émotionnelles fortes.

" L'Esprit et l'épouse disent : Viens ! Que celui qui entend, dise : Viens ! Que celui qui a soif, vienne ; que celui qui veut, prenne de l'eau de la vie gratuitement ! " (Apocalypse 22/17).

La Parole de Dieu nous invite à goûter à la Vie de Dieu et celle-ci, qui coule directement du Trône de Dieu, veut s'écouler en nous par diverses expériences vécues tout au long de notre vie. Il y en a suffisamment d'excellentes et satisfaisantes pour ne pas goûter à des eaux frelatées produites par les séductions qui ont cours dans le monde religieux pseudo-spirituel.

J'avais entendu parler d'un dérèglement lié à l'apparition de fausses doctrines amenées par des faux prophètes aux Etats-Unis, ayant conduit les gens dans une église à finir par uriner et faire leurs excréments dans l'église mais cela s'est aussi produit dans un pays d'Afrique où je me suis rendu et cela a causé de graves troubles amenant toute une dénomination à devoir réagir et à prendre solidement position pour la Parole de Dieu. On voit donc que la source des séductions spirituelles répand son poison antichrist partout.

Les enseignements de Jésus ont impressionné le monde religieux judaïque de son époque, pétri de conservatisme et de sa tradition, qu'il avait placée au-dessus de la Parole de Dieu.

" **Ils étaient frappés de son enseignement, car il les enseignait en homme qui a autorité et non pas comme les scribes**" (Marc 1/22).
" **Ils furent tous tellement saisis qu'ils se demandaient les uns aux autres : « Qu'est-ce que cela ? Voilà un enseignement nouveau, plein d'autorité ! Il commande même aux esprits impurs et ils lui obéissent !** " (Marc 1/27)

Cet enseignement suscitait donc l'enthousiasme chez les uns ou l'antagonisme chez les autres, ce qui prouve que l'enseignement de la saine doctrine n'est pas neutre, d'où les attaques incessantes dont elle est l'objet.
Alors que Paul Prêchait la saine doctrine, le roi Agrippa fut frappé de son enseignement et s'esquiva en disant qu'il entendrait Paul là-dessus une autre fois.
Lors d'une confrontation entre le magicien ténébreux Elymas et l'Evangile prêché par Paul, un proconsul romain fut fortement ébranlé et se convertit : " **Quand il eut vu ce qui se passait, le proconsul devint croyant ; car la doctrine du Seigneur l'avait vivement impressionné** " (Actes 13 :12).

Qui a dit que la doctrine était quelque chose de froid, un dogme figé ? Non, la Parole de Dieu est vivante et transperce l'âme de celui qui aime la vérité.

" **ma parole et ma prédication n'avaient rien des discours persuasifs de la sagesse, mais elles étaient une démonstration faite par la puissance de l'Esprit, 5 afin que votre foi ne soit pas fondée sur la sagesse des hommes, mais sur la puissance de Dieu** " (1 Corinthiens 2/4-5).

Si Dieu a suscité différents ministères (apôtres, prophètes, évangélistes, pasteurs et docteurs), c'est surtout dans le but d'enseigner la saine doctrine aux croyants et de les amener à la maturité, savoir en quoi ils croient, en qui ils croient :

" **Ainsi, nous ne serons plus des enfants, ballottés, menés à la dérive à tout vent de doctrine, joués par les hommes et leur astuce à fourvoyer dans l'erreur** " (Ephésiens 4/14).

Tite était invité par Paul à enseigner la doctrine : " **Pour toi, enseigne ce qui est conforme à la saine doctrine**" (Tite 1/4). Il l'incite même dans son comportement à être un modèle, notamment : " **Montre en ta personne un modèle de belles œuvres : <u>pureté de doctrine</u>, dignité** " (Tite 1/7).

L'apôtre Jean combattait aussi les hérésies qui avaient cours de son temps et exhortera l'Eglise ainsi : " **Quiconque vous mène en avant et ne demeure pas dans la doctrine du Christ, n'a pas Dieu. Celui qui demeure dans la doctrine, celui-là a le Père et le Fils** " (2 Jean 1/9).

Tous ces textes nous indiquent que les serviteurs de Dieu et les croyants devraient être les gardiens de la doctrine biblique.

IV – <u>A PROPOS DE L'EVANGILE DES MIRACLES</u>

Aujourd'hui, on prône la primauté des miracles, des signes et des prodiges, en un mot le surnaturel. C'est ainsi que plusieurs organisent des croisades de guérisons et miracles mais l'Evangile n'est parfois plus prêché ou n'est plus central.

Beaucoup, sans s'en rendre compte, en sont arrivés à accepter le terrible mensonge selon lequel tout ce qui est surnaturel vient de Dieu et quand le super-pasteur, quel qu'il soit, qui est sur la plate-forme, partage " l'onction ", les gens courent littéralement vers le pupitre pour " recevoir l'onction ". Ils finissent par croire sans s'interroger davantage si ce mouvement vient de l'Esprit-Saint et n'imaginent même pas une option différente.

Il y a trop d'émotionnel, trop de crédulité, trop de naïveté et il n'y a pas de discernement. Il ne vient à l'imagination de personne que les sorciers et satanistes actuels, déguisés en ministres de justice (2 Corinthiens 11/ 15), comme il y en a eu du temps de Moïse, comme Jannès et Jambrès, les sorciers qui imitaient les miracles d'Aaron et de Moïse (Exode 7/11-12, 22; 9/11; 2 Timothée 3/ 8), peuvent faire jusqu'à un certain point les mêmes choses avec le pouvoir qu'ils exercent, pouvoir permis par Dieu, concédé ponctuellement au diable en ces derniers jours (2 Thessaloniciens 2 /11; Apocalypse 13/ 7, 15 etc.).

Il y a beaucoup d'aveuglement aujourd'hui et c'est la raison pour laquelle beaucoup ont mordu à l'hameçon que le diable, par le biais de ses faux docteurs, a placé devant eux progressivement, à savoir que <u>le temps est venu</u> du "réveil mondial" et de ce qui suit : "la conquête de la terre par Christ".

C'est là tout le contraire de ce que Jésus a enseigné sur le Mont des Oliviers, concernant le jour de sa venue qui doit intervenir comme aux jours de Noé et de Lot (Matthieu 24/ 37; Luc 17/ 28), c'est-à-dire en des jours d'apostasie, de perversion, de méchanceté et de péché *in crescendo*, et quand l'amour du plus grand nombre se refroidira et que des faux oints se lèveront en Son nom, ainsi que des faux prophètes qui feront de grands signes et prodiges (le surnaturel qui n'est pas de Dieu) dans le but de tromper, s'il était possible, même les élus, c'est-à-dire les véritables chrétiens (Matthieu 24/ 4, 5, 12, 24). Précisément, le fait de croire que tout ce qui est surnaturel est de Dieu, parce que nous vivons soi-disant dans des " jours glorieux ", fait partie de cette séduction.

Je suis pentecôtiste mais ce qui m'intéresse, ce sont les actes surnaturels de Dieu et pour les discerner, encore faut-il revenir à la base des miracles de Dieu, à savoir Sa Parole.

Or, que dit la Bible ? Marc 16/17-20 : " **Voici les signes qui <u>accompagneront</u> ceux qui auront cru : En mon nom, ils chasseront les démons ; ils parleront de nouvelles langues ; 18 ils saisiront des serpents ; s'ils boivent quelque breuvage mortel, il ne leur fera point de mal ; ils imposeront les mains aux malades et ceux-ci seront guéris. 19 ¶ Le Seigneur, après leur avoir parlé, fut enlevé au ciel et il s'assit à la droite de Dieu. 20 Et ils s'en allèrent prêcher partout. Le Seigneur travaillait avec eux et <u>confirmait la parole</u> par les signes qui l'accompagnaient** "

Le thème central de la prédication de l'Eglise primitive était Jésus crucifié, ressuscité, élevé et qui répand le Saint-Esprit, le pardon des péchés et la repentance, la réconciliation de l'homme pécheur avec un Dieu Saint et la folie de la croix. Cette prédication était et est toujours accompagnée de miracles venant de Dieu. Mais la prédication de l'Evangile doit précéder les miracles.

Là où l'Evangile, à savoir la prédication de la croix n'a plus cours, je n'ai pas peur de jeter un œil suspicieux sur les actes surnaturels qui se déroulent et de déclarer qu'il est bien probable qu'ils ne viennent pas tous de Dieu mais des imitateurs des actes de Dieu.

Un de ces faux docteurs disait : " nous croyons que la stratégie pour atteindre les gens est la même toujours : les miracles ".

Reinhard BONNKE, dont la prédication de la croix est accompagnée de multitudes de conversions, voit de nombreuses guérisons, beaucoup de miracles et de prodiges mais il dit lui-même que le but de Dieu n'est pas les miracles mais la conversion et sa devise est " piller l'enfer pour peupler le Ciel ".

Quand on connaît le fruit de ce ministère d'évangéliste, son impact en Afrique et au-delà, contester les faits n'est guère possible. Ce serviteur de Dieu pratique ce que la Bible enseigne.

J'ai vu à maintes reprises des hommes et des femmes être guéris intérieurement, être pansés de plaies psychologiques pendant et à la suite de la prédication de la Parole de Dieu. J'ai vu également des prédications prendre un caractère nettement prophétique et renverser des faux raisonnements, corriger des erreurs de trajectoire, convaincre, persuader, redresser, corriger.

C'est d'ailleurs là la mission de tout véritable prédicateur : "**Efforce–toi de te présenter à Dieu comme un homme éprouvé, un ouvrier qui n'a pas à rougir, qui dispense avec droiture la parole de vérité**" (2 Timothée 2/15).

"**Toute Écriture est inspirée de Dieu et utile pour enseigner, pour convaincre, pour redresser, pour éduquer dans la justice, 17 afin que l'homme de Dieu soit adapté et préparé à toute œuvre bonne**" (2 Timothée 3/16-17).

Aujourd'hui, on galvaude des termes comme " onction ", on insiste sur l'émotivité sensationnelle et on habitue voire on conditionne les gens simples à faire toutes sortes d'expériences comme celle de tomber par terre, de sorte que quel que soit le prédicateur qui vient et fait un appel, dès qu'il impose les mains, les gens sont conditionnés pour tomber. Il semblerait que cela soit l'expérience suprême, le Nirvana des pseudo-évangéliques.

Des prédicateurs tels l'américain Benny Hinn accomplissent des pratiques que les journalistes assimilent à de la " sorcellerie évangélique ". Voilà où on en est pour avoir fait confiance à de tels charlatans et à leurs prétentions.

Compte tenu de l'ignorance des journalistes en la matière, cela décrédibilise les chrétiens authentiques et nuit à leur témoignage dans un pays comme la France, tout pétri de son laïcisme parfois outrancier.

Lors d'une émission sur une chaîne télévisée française qui cultive le sensationnalisme et s'en nourrit, dans une assemblée évangélique, les gens gisaient au sol tandis qu'une dame étant privée d'un membre attendait que celui-ci repousse et on l'incitait fortement à s'y attendre et même à dire qu'elle était guérie alors que ce n'était pas le cas.

Ne vous méprenez pas, je ne veux pas affirmer que je ne crois pas que cela soit possible puisque comme je l'ai déjà dit, je crois aux miracles de Jésus-Christ, à qui rien n'est impossible. Une telle guérison, non seulement est possible mais elle a déjà eu lieu.

Ce que je dénonce est la pratique de certains qui consistent à alimenter une crédulité qui ne relève pas forcément d'une conviction de la foi mais d'un sensationnalisme qu'on alimente au sein d'une atmosphère préfabriquée.

Reinhard Bonnke et d'autres évangélistes connus ont vu des guérisons se produire sans l'avoir même parfois imaginé sur l'instant et, en tous les cas, sur fond de prédication d'un message clair, net, basique : la Croix de Jésus-Christ. De fait, cette prédication s'est vue accompagnée de miracles authentiques et producteurs de fruit spirituel.

L'évangéliste français Franck Alexandre raconte son expérience, à l'Ile Maurice ; alors qu'il prêchait, une personne infirme qui s'était déjà bibliquement approchée du Seigneur, la veille de la réunion qui avait lieu, et qui était sur un brancard, s'est levée pendant la prédication de l'Evangile. La foi qu'elle avait nourrie en la Parole de Dieu a été source de sa guérison physique.

Nous sommes donc là loin des manipulations mentales d'individus car le message prêché, l'Evangile, n'est pas si populaire : tu es pécheur, tu es condamné éternellement, tu as besoin du Sauveur qui est venu mourir pour toi sur la croix et qui est ressuscité.
De plus, même si ces hommes de Dieu ont l'habitude de voir Dieu intervenir miraculeusement, ils demeurent dans un étonnement émerveillé de son œuvre de compassion à ce niveau.

V – **LES CAUSES SPIRITUELLES DE LA SEDUCTION QUI S'OPERE**

2 Thessaloniciens 2/9-12 " **L'avènement de l'impie se produira par la puissance de Satan, avec toutes sortes de miracles, de signes et de prodiges mensongers, 10 et avec toutes les séductions de l'injustice pour ceux qui périssent, parce qu'ils n'ont pas reçu l'amour de la vérité pour être sauvés**. 11 Aussi Dieu leur envoie une puissance d'égarement, pour qu'ils croient au mensonge, 12 afin que soient jugés ceux qui n'ont pas cru à la vérité, mais qui ont pris plaisir à l'injustice "

Il y a aujourd'hui énormément d'aveuglement car on refuse tout simplement la simplicité de la Bible et on préfère les sensations à l'obéissance pratique à la Parole de Dieu. Il est terrible de constater que certains n'ont pas l'amour de la vérité pour être sauvés et que cela génère la séduction dans leurs pensées.

Déjà, de nombreux croyants courent de rassemblements en rassemblements, vont de prédicateurs en prédicateurs et répondent à tous les appels et se placent entre toutes les mains. Ils ne sont jamais rassasiés car ils ne cherchent pas vraiment Dieu mais tout ce qui va autour : surnaturel, sensations, plaisir. Ils n'aiment pas Dieu pour lui-même mais pour ces sensations qu'ils veulent connaître.

Dieu permet cela pour éprouver la fidélité des vrais croyants. Dieu sonde les cœurs et les reins.

" Car il viendra un temps où les hommes ne supporteront plus la saine doctrine ; mais au gré de leurs propres désirs, avec la démangeaison d'écouter, ils se donneront maîtres sur maîtres ; 4 ils détourneront leurs oreilles de la vérité et se tourneront vers les fables. " (2 Timothée 4/3-4)

L'autre cause spirituelle est l'apostasie. L'apostasie est l'abandon de la foi, c'est l'éloignement de Dieu, le reniement de la foi transmise aux saints une fois pour toutes, c'est une traîtrise, d'où le terme " faux frères ". Le mot *apostasia* exprime même l'idée de défection politique pour rejoindre un autre parti et en entraîner d'autres à la suite. Ce terme désigne donc quelqu'un qui cesse d'adorer Dieu et de le servir.

Le texte précité pose le problème central : l'amour de la vérité. "**Ta Parole est la vérité**", dit Jésus au Père. Et c'est bien cette Parole qui dérange qu'on veut rejeter, nier et dont on veut minimiser la portée.

" **Cette parole est rude ! Qui peut l'écouter ?** " (Jean 6/60), diront certains disciples à Jésus. Ceci dit, c'est un problème de cœur, Dieu aime les bonnes dispositions de cœur et la vérité doit être la ceinture qui nous permet de marcher droitement.

Néhémie priait le Seigneur, disant : " **Sur le mont Sinaï, tu es descendu et, du haut des cieux, tu leur as parlé ; tu leur as donné des commandements justes, des lois de vérité, des prescriptions et des ordonnances bonnes** " (Néhémie 9/13).
" **Les lèvres mensongères sont en horreur au Seigneur, il se complaît en ceux qui pratiquent la vérité.**" (Proverbes 12/22).

L'amour de la vérité exprimée par Dieu dans Sa Parole était important aux yeux de l'apôtre Jean car il reflétait l'authenticité de la foi des disciples :

" **J'ai, en effet, éprouvé une très grande joie, car des frères arrivés ici rendent témoignage à la vérité qui transparaît dans ta vie : toi, tu marches dans la lumière de la vérité. Ma plus grande joie, c'est d'apprendre que mes enfants marchent dans la lumière de la vérité** " (3 Jean 3-4).

Beaucoup sont ainsi mis à l'épreuve et ne passent pas ce test de fidélité à la vérité, d'où le fait qu'ils soient livrés à l'égarement que provoque la haine de la vérité. On ne veut pas être réprimandé par la Parole de Dieu et donc Dieu lui-même.
Pourtant, il est écrit : " **Les blessures d'un ami sont loyales, les embrassements d'un ennemi sont trompeurs** " (Proverbes 27/6).

Job s'écriait : " **Vois : Heureux l'homme que Dieu réprimande ! Ne dédaigne donc pas la semonce du Puissant**" (Job 5/17).

Il est donc dommage de dédaigner ses avertissements et de se séduire ainsi et d'être séduits pour se perdre.

Certains disciples du Seigneur voire des serviteurs de Dieu ont été piégés par des fausses doctrines, mais l'amour de la vérité qui était dans leur cœur leur a permis d'échapper une fois qu'ils ont été redressés par l'enseignement de la pure vérité de la Parole de Dieu. Leur cœur n'était pas fourbe et ils étaient enseignables et leur amour pour le Seigneur et sa Parole prévalaient, alors ils sont revenus à Lui dans la repentance et ont ainsi pu être restaurés.
Au fond, il existe des gens qui disent avoir soif mais la véritable soif de Dieu peut être désaltérée mais il est des soifs qui conduisent à l'ivresse et les désordres qui s'ensuivent.

" **mais celui qui boira de l'eau que je lui donnerai n'aura plus jamais soif ; au contraire, l'eau que je lui donnerai deviendra en lui une source jaillissant en vie éternelle**" (Jean 4/14).

"**Jésus leur dit : « C'est moi qui suis le pain de vie ; celui qui vient à moi n'aura pas faim ; celui qui croit en moi jamais n'aura soif.**" (Jean 6/35).

VI – A PROPOS DE L'EVANGILE TERRESTRE DU SUCCES ET DE LA PROSPERITE

a/ Succès et prospérité

Nombreux sont désormais sur tous les continents les prédicateurs qui mettent l'accent sur l'acquisition de bénédictions matérielles et sur les succès dans le domaine spirituel mais qui ne prononcent plus aucun mot sur la croix et les souffrances inhérentes aux chrétiens.

Pourtant, Jésus n'a pas caché qu'outre la bénédiction, il y aurait aussi des difficultés et de la persécution :

" **Jésus répondit : En vérité, je vous le dis, il n'est personne qui ait quitté, à cause de moi et de l'Évangile, maison, frères, sœurs, mère, père, enfants ou terres, 30 et qui ne reçoive au centuple, présentement dans ce temps-ci, des maisons, des frères, des sœurs, des mères, des enfants et des terres, avec des persécutions et, dans le siècle à venir, la vie éternelle.** " (Marc 10/29-30).
2 Timothée 3/12 " **Tous ceux d'ailleurs qui veulent vivre pieusement en Christ-Jésus seront persécutés.** " La marque de la piété approuvée de Dieu n'est donc pas l'acquisition de richesses matérielles mais la fidélité éprouvée jusque dans la persécution à cause de l'obéissance.

Il existe des prédicateurs de la prospérité qui ont osé parler de " pasteurs déprimés d'églises de 100 personnes ". Ils révèlent ainsi leur mentalité de mercenaire à l'affût de biens matériels car ils n'auraient pas le souci du petit troupeau à nourrir, édifier et à faire grandir.

Cet "évangile terrestre" influence puissamment l'auditeur à avoir pour objectif suprême, en définitive, les mêmes choses que recherchent les impies, à savoir les possessions matérielles, les "succès" à tous les niveaux de ce monde et selon les règles de ce monde. En définitive, le but final et ultime est d'être "heureux" sur cette planète. Tout le contraire de ce que la Parole de Dieu enseigne sur les objectifs à poursuivre (Matthieu 16/26; Luc 21/34; Colossiens 3/2; Tite 2/12; Jacques 4/4; 1 Jean 2/15).

Paul a qualifié le caractère charnel de ce type de prédicateur :
" **Il en est plusieurs qui marchent en ennemis de la croix du Christ ; je vous en ai souvent parlé et j'en parle maintenant encore en pleurant : leur fin, c'est la perdition ; leur dieu, c'est leur ventre, ils mettent leur gloire dans ce qui fait leur honte ; ils ne pensent qu'aux choses de la terre**". (Philippiens 3/18-19).

Or, personnellement je crois en une prospérité biblique mais certainement pas sur les mêmes fondements de convoitise que ces tenants d'un évangile terrestre qui, pour certains, sont allés jusqu'à blasphémer et oser dire qu'ils en avaient assez d'attendre les rues pavées d'or du Ciel et que ce qu'ils veulent, c'est de l'or sur la terre. Quelle infamie et quelle trahison envers le Sauveur !
La Bible ramène l'équilibre, notamment au travers de cette prière du roi Lemuel :

« **Éloigne de moi la vanité et la parole mensongère ; Ne me donne ni pauvreté, ni richesse, Accorde–moi le pain qui m'est nécessaire, 9 De peur qu'étant rassasié, je ne te renie Et ne dise : Qui est l'Éternel ? Ou qu'étant dans la pauvreté, je ne commette un vol Et ne porte atteinte au nom de mon Dieu.** » (Proverbes 30/8-9).

Pourtant, des prédicateurs tenants de l'évangile de la prospérité ont osé affirmer que du fait que les narcotrafiquants gagnent beaucoup d'argent en commettant l'iniquité, le chrétien devrait donc en gagner davantage. C'est ainsi que l'accent est placé sur l'amour des richesses matérielles, des biens de ce monde, sur des ambitions démesurées par lesquelles on veut faire dire à Dieu ce qu'il n'a pas dit dans sa Parole.

De plus, on mesure la portée de l'évangile chez l'individu à l'aune du succès matériel qu'il est susceptible de remporter. On est loin de l'esprit du véritable Evangile de Jésus-Christ :
"**Aussi nous regardons, non point aux choses visibles, mais à celles qui sont invisibles ; car les choses visibles sont momentanées, et les invisibles sont éternelles**" (2 Corinthiens 4/18).

L'objectif du chrétien authentique va plus loin que le succès dans ce monde, son regard est tourné vers ce qui est éternel, vers le monde de Dieu où il est attendu à la fin de son pèlerinage terrestre.

Le Royaume de Dieu dans les cœurs n'a rien à voir avec ce Royaume de Dieu proclamé par ces faux docteurs et prophètes comme devant exister "ici et maintenant" avec la prospérité qui va avec. La Bible dit :

"**car le royaume de Dieu, c'est non pas le manger ni le boire, mais la justice, la paix et la joie, par le Saint–Esprit. 18 Celui qui sert Christ de cette manière est agréable à Dieu et approuvé des hommes**" (Romains 14/17-18).

Enfin, l'Esprit de Dieu, qui est aussi l'Esprit de la croix de Jésus-Christ, nous parle bien autrement dans la Bible :

"**Celui qui voudra garder sa vie la perdra ; mais celui qui perdra sa vie pour moi la retrouvera**" (Matthieu 10/39).

"**Entrez par la porte étroite car large est la porte et spacieux le chemin qui mènent à la perdition, et il y en a beaucoup qui entrent par là. 14 Mais étroite est la porte et resserré le chemin qui mènent à la vie, et il y en a peu qui le trouvent** " (Matthieu 7/13-14).

Hélas, ce chemin est moins attirant et moins populaire car seule la repentance conduit les hommes à emprunter ce chemin qui mène vers la vie mais il y a moins de gens qui accourent pour marcher dans cette voie étroite et resserrée.

Pourtant, en dépit de l'étroitesse du chemin et de son apparente dureté, c'est la vraie vie, la vie abondante promise par Jésus qui nous est réservée.

b/ Tendance vers le dominionisme et le néo-réformisme

Le problème de base de la plupart des propagateurs de la prospérité, c'est une interprétation erronée de notre rôle en tant que chrétiens dans ce monde et au sein de notre époque. Ils enseignent que nous, chrétiens, sommes ceux qui allons changer de fond en combles tout ce qui est mauvais dans ce monde, ce qui est hostile à Dieu et qu'en fin de compte, ce monde sera non seulement christianisé mais converti à Christ, et prêt à s'abandonner au Seigneur, pour qu'il puisse revenir ! C'est ce qu'on appelle la théologie du dominionisme/néo-réformisme, et ce n'est rien d'autre qu'une hérésie et une doctrine de démons qui fait d'ailleurs hélas partie intégrante de la théologie de l'église Catholique et lui a servi de justification pour aller à la conquête d'autres civilisations, sous prétexte d'évangéliser.

Jésus n'a jamais enseigné cela, bien au contraire. La Parole nous enseigne que c'est Dieu le Père (et non l'Eglise) qui se chargera de mettre les ennemis de Christ sous ses pieds et d'en finir avec la méchanceté sur cette planète, et qu'il enverra et élèvera le Fils comme Roi *de facto* (Psaume 110/ 1; Matthieu 22/ 44; 1 Corinthiens. 15/ 23-25; Psaume 2/7-9).

Il y a quelques années, une célèbre prophétesse du dominionisme/néo reformisme nord-américaine, Cindy Jacobs, prophétisait à cors et à cri lors d'un congrès ayant lieu sur un plateau de télévision à Madrid, en Espagne, que le Seigneur disait à ceux qui se lèveraient en son nom et *"iraient conquérir et domineraient"*, qu'il leur donnerait les nations pour qu'ils s'en emparent en Son nom. Elle ajoutait : " I*l ne s'agit pas seulement d'un Réveil mondial, ce que j'apporte, dit le Seigneur, mais une Réforme mondiale* ". Ella alla jusqu'à prophétiser, toujours en disant *"ainsi dit le Seigneur"*, en s'adressant à quelqu'un en particulier dans le congrès, qu'elle pouvait l'assurer qu'il finirait par occuper la présidence du gouvernement de sa nation.

Tout l'accent de cet "**autre évangile**" a sa racine sur cette Terre et maintenant. C'est un "évangile" accommodé à cette sphère terrestre et naturelle, il n'est pas tant dirigé vers la personne individuelle que vers tous ceux qui sont disposés à le croire.

Les journaux télévisés français ont diffusé il y a quelques années un reportage retraçant l'attitude d'Edir Macedo, leader de l'Eglise Universelle du Royaume de Dieu, et de ses collaborateurs. Il s'agit d'un mouvement qui dérive du pentecôtisme et qui a connu une grande croissance au Brésil, tout comme au Portugal.

On voit ces responsables récolter les offrandes et partir sur un yacht et faire des gestes obscènes en se moquant avec mépris des naïfs fidèles qui ont donné de l'argent en croyant donner pour la cause de l'Evangile. Quel triste témoignage aux yeux du monde !

Il y a quelques années, plusieurs tenants de l'évangile de la prospérité sont venus en Italie dilapider les fonds de poche des italiens de régions pauvres, ils sont repartis en hélicoptère en criant " bye bye ! ". Bien des dégâts spirituels, moraux et financiers ont été subis, à tel point que le défunt David Wilkerson, Pasteur de Times Square Church à New-York, très connu comme l'auteur du best-seller " la Croix et le Poignard " et en tant que fondateur de Teen Challenge, lorsqu'il s'est rendu dans ce pays, a décidé de prendre en charge toutes les dépenses liées à sa venue afin de marquer la différence de son organisation avec ces mercenaires de l'évangile.
Il a passé du temps avec son fils Gary à aider à la restauration des bergers des églises et a fait un travail remarquable pour les aider à bâtir à nouveau l'Eglise de Jésus-Christ.
On reconnaît l'arbre à son fruit !

VII – LES FAUX PROPHETES SE REVELENT A LEURS FRUITS

a/ Juger est-il un droit biblique ?

Un des dangers subtils qui empêchent l'Eglise d'avoir un discernement approfondi sur le sujet des faux prophètes est la quasi-interdiction faite de juger des phénomènes spirituels qui ont lieu et encore moins des prédicateurs qui peuvent être incriminés pour de mauvaises actions.

Autant la critique gratuite peut être fréquente, autant le sens critique fait hélas souvent défaut. C'est d'ailleurs sous des prétextes faussement bibliques qu'on voudrait interdire tout jugement sur ce que nous voyons et entendons.

C'est toutefois contraire à ce que dit la Parole de Dieu :
"**Ne jugez pas selon l'apparence, mais jugez selon un juste jugement**" (Jean 7/24). Le verbe employé pour "jugez" est ici le verbe grec *krino*, qui a le sens de juger, de discerner, d'estimer, de faire une distinction.

"selon un juste jugement" signifie ici conformément à la justice de Dieu, sa volonté et c'est pour cela que les juifs de Bérée " **accueillirent la Parole avec une entière bonne volonté, et chaque jour ils <u>examinaient</u> les Ecritures pour voir s'il en était bien ainsi**" (Actes 17/11).

Le terme traduit par examiner est le verbe *anakrino* qui a le sens d'examiner, faire des recherches, s'enquérir, interroger, questionner, juger, estimer, déterminer l'excellence ou la défectuosité d'une personne ou d'une chose.

Eh oui, les Béréens se permettaient cela et nous le pouvons aussi, afin de ne pas devenir la proie de séductions diverses. C'est aussi le même terme qui est utilisé dans le verset suivant : "**L'homme spirituel, au contraire, <u>juge</u> de tout, et il n'est lui-même jugé par personne**" (1 Corinthiens 2/15).

Déjà, l'Ancien Testament disait ceci au peuple d'Israël : "**Vous ne commettrez pas d'injustice dans les jugements : tu n'auras pas égard à la personne du pauvre et tu n'auras pas de considération pour la personne du grand, mais tu jugeras ton compatriote selon la justice**" (Lévitique 19/15). Il s'agissait là d'un jugement entraînant parfois condamnation.

Pour ce qui concerne les prédicateurs, leur influence, bonne ou mauvaise, ne les rend pas "intouchables", le respect et la déférence est due à ceux qui marchent authentiquement dans les voies du Seigneur mais pour les autres, il faut éprouver les esprits afin de voir s'ils sont de Christ.

D'ailleurs, loin de tout angélisme à ce sujet, voici les directives des apôtres :

"**Je vous exhorte, frères, à prendre garde à ceux qui causent des divisions et des scandales, contrairement à l'enseignement que vous avez reçu. Éloignez–vous d'eux. 18 Car de tels hommes ne servent pas Christ notre Seigneur, mais leur propre ventre ; par de bonnes paroles et par des éloges, ils séduisent les cœurs des gens sans malice**" (Romains 16/17-18).

" **…gardant la foi et une bonne conscience. Cette conscience, quelques–uns l'ont abandonnée et ont ainsi fait naufrage en ce qui concerne la foi. 20 De ce nombre sont Hyménée et Alexandre que j'ai livrés à Satan afin qu'ils apprennent à ne pas blasphémer**" (1 Timothée 1/19-20).

"**Il y a eu de faux prophètes parmi le peuple ; de même il y a parmi vous de faux docteurs qui introduiront insidieusement des hérésies de perdition et qui, reniant le Maître qui les a rachetés, attireront sur eux une perdition soudaine. 2 Beaucoup les suivront dans leurs dérèglements et, à cause d'eux, la voie de la vérité sera calomniée. 3 ¶ Par cupidité, ils vous exploiteront au moyen de paroles trompeuses, mais depuis longtemps leur condamnation est en marche et leur perdition n'est pas en sommeil**" (2 Pierre 2/1-3).

"**J'ai écrit quelques mots à l'Église ; mais Diotrèphe, qui aime à être le premier parmi eux, ne nous reçoit pas. 10 C'est pourquoi, si je viens, je rappellerai les actes qu'il commet, en répandant contre nous des paroles mauvaises ; non content de cela, lui–même ne reçoit pas les frères, et ceux qui voudraient le faire, il les en empêche et les chasse de l'Église**" (3 Jean 9-10).

On ne voit pas une telle discipline et une telle clarté avoir cours aujourd'hui. Je connais même un évangéliste qui a été exclu de son mouvement parce qu'il dénonçait trop ouvertement les faux prophètes. Il n'avait pas lu le panneau "Don't disturb, ne pas déranger ! "

Cependant, nous lisons que les premiers chrétiens devaient s'éloigner de ces faux frères et les dénoncer pour que leur rayon d'action ne s'élargisse pas davantage et ne contamine pas l'œuvre de Dieu.
Par ailleurs, Paul n'hésitait pas à les citer nommément comme l'indiquent les versets ci-dessus.

b/ Caractéristiques des faux prophètes

Jésus a enseigné à ses disciples la nécessité de se préserver, de se garder des faux prophètes, qui peuvent être reconnus d'après leur fruit :

"**Gardez–vous des faux prophètes. Ils viennent à vous comme des brebis, mais au–dedans ce sont des loups ravisseurs. 16 Vous les reconnaîtrez à leurs fruits. Cueille–t–on des raisins sur des épines, ou des figues sur des chardons ? 17 Tout bon arbre porte de bons fruits, mais le mauvais arbre produit de mauvais fruits, 18 Un bon arbre ne peut porter de mauvais fruits, ni un mauvais arbre porter de bons fruits. 19 Tout arbre qui ne produit pas de bons fruits est coupé et jeté au feu. 20 C'est donc à leurs fruits que vous les reconnaîtrez** ". (Matthieu 7/15-20).

Il s'agit donc d'après le verbe grec *prosecho* de se garder, en fixant son attention sur leur enseignement et sur leur conduite, ce qu'ils sont et non pas obéir aveuglément à ces pseudo-prophètes.

Ce sont leurs caractéristiques qui les dénoncent : sous l'apparence des brebis, ce sont des loups ravisseurs, c'est-à-dire rapaces, voleurs et cruels, qui extorquent. On les reconnaît donc à leurs fruits et en tout état de cause, il ne s'agit pas du fruit de l'Esprit.

Ils se déguisent en brebis, ils se placent ainsi parmi le troupeau sans en être et extérieurement, ils ressemblent aux brebis du troupeau alors qu'ils sont des loups ravisseurs.

Ces antichrist (anti-oint, anti-onction véritable) n'étaient pas des nôtres.

" **C'est de chez nous qu'ils sont sortis, mais ils n'étaient pas des nôtres. S'ils avaient été des nôtres, ils seraient demeurés avec nous. Mais il fallait que fût manifesté que tous, tant qu'ils sont, ils ne sont pas des nôtres.**" (1 Jean 2/19 –TOB).

La fausseté existe donc d'où la vigilance que nous demande Jésus face à ces contrefaçons de l'Evangile véritable. Comme tous les loups, ces pseudo-prophètes sont parfois en meutes et ce sont des menteurs qui invoquent le nom de Dieu en vain.

Déjà, le prophète Michée, confronté lui-même à des meutes de faux prophètes désirant influencer le roi, décrivait ainsi le phénomène :

"**Ses chefs jugent pour des présents, Ses sacrificateurs enseignent pour un salaire Ses prophètes prédisent pour de l'argent ; Et ils s'appuient sur l'Éternel, en disant : L'Éternel n'est-il pas au milieu de nous ? Le malheur ne nous atteindra pas**" (Michée 3/11).

Nous voyons donc que tout ce qui brille n'est pas or et que l'habit ne fait toujours pas le moine.

Ce texte met déjà en relief l'une des caractéristiques des faux prophètes, l'enrichissement personnel outrancier au détriment des fidèles, le gain à tout prix.

Ce n'est pas l'état d'esprit d'un vrai serviteur de Dieu : "**Faites paître le troupeau de Dieu qui est avec vous, non par contrainte, mais volontairement selon Dieu ; ni pour un gain sordide, mais de bon cœur**" (1 Pierre 5/2).

Une autre caractéristique est qu'ils sont accompagnés de signes et de prodiges qui ne viennent pas de Dieu et, malgré l'avertissement clair de Jésus, des foules se pressent pour recevoir chacun pour sa part, la bénédiction divine sous forme de manifestation pseudo-spirituelle.

"**Car il s'élèvera de faux christs (oints) et de faux prophètes, ils opéreront de grands signes et des prodiges au point de séduire si possible même les élus. 25 Je vous l'ai prédit**" (Matthieu 24/24-25). Où est l'attention que nous devons fixer sur la conduite de tels individus, sur leur enseignement ? Mais la question est : la volonté de Dieu est-elle importante à nos yeux ? Et Sa Parole, qui l'exprime ?

Soulignons au passage qu'il y a 2 types de faux prophètes :

- Les imposteurs, conscients de tricher et de tromper les autres. Ce sont des gens qui ont un tel désir d'être considérés, flattés et de s'enrichir, d'être populaires,

- Des personnes sincères se basant sur la Bible de façon erronée et qui hélas deviennent des faux guides, des conducteurs d'aveugles. Saul de Tarse était un de ces hommes qui persécutait l'Eglise au nom de Dieu, croyant faire le bien, jusqu'à ce que sa conscience fût travaillée par l'Esprit du Seigneur.

c/ Pourquoi Dieu permet-il la séduction des faux prophètes ?

Déjà, Moïse avertissait Israël de la subtilité du Malin pour tromper les hommes.

"**S'il s'élève au milieu de toi un prophète, ou un songeur de songes, et qu'il te donne un signe ou un miracle, 2 et que le signe arrive, ou le miracle dont il t'avait parlé lorsqu'il disait, Allons après d'autres dieux, des dieux que tu n'as point connus, et servons–les ; 3 tu n'écouteras pas les paroles de ce prophète, ni ce songeur de songes, car l'Eternel, votre Dieu, vous éprouve, pour savoir si vous aimez l'Eternel, votre Dieu, de tout votre cœur et de toute votre âme. 4 Vous marcherez après l'Eternel, votre Dieu ; et vous le craindrez, et vous garderez ses commandements, et vous écouterez sa voix, et vous le servirez, et vous vous attacherez à lui. 5 Et ce prophète, ou ce songeur de songes sera mis à mort, car il a parlé de révolte contre l'Eternel, votre Dieu, qui vous a fait sortir du pays d'Egypte et vous a rachetés de la maison de servitude, afin de te pousser hors de la voie dans laquelle l'Eternel, ton Dieu, t'a commandé de marcher ; et tu ôteras le mal du milieu de toi** " (version Darby).

Nous voyons d'emblée que Dieu n'empêche pas la séduction puisqu'il dit : " **S'il s'élève au milieu de toi un prophète, ou un songeur de songes, et qu'il te donne un signe ou un miracle**". C'est le corollaire de Matthieu 24/24-25 déjà cité.

Le diable est de nature spirituelle, il agit avec subtilité comme on le voit lors de la Tentation de Jésus dans le désert où on le voit se servir des Ecritures. Il n'agit pas de façon grossière mais il introduit au contraire des éléments de vérités et y mélange son poison de fausseté enveloppé de pseudo-spirituel.

" **et qu'il te donne un signe ou un miracle, 2 et que le signe arrive, ou le miracle dont il t'avait parlé**"

Ce texte confirme également que les signes et les prodiges ne sont pas nécessairement une preuve en soi que leur origine vient de Dieu, surtout quand ils accompagnent les propos des faux prophètes. Le signe peut donc s'accomplir, le miracle se produire, c'est déjà annoncé dans l'Ancien Testament. Les faux prophètes reçoivent donc un appui surnaturel tout en conduisant les gens vers " un autre évangile ", un " autre Jésus ". La manifestation surnaturelle n'est donc pas le gage d'une intervention divine.

Par ailleurs, le texte nous indique que Dieu éprouve les pensées du cœur.
" **3 tu n'écouteras pas les paroles de ce prophète, ni ce songeur de songes, car l'Eternel, votre Dieu, vous éprouve, pour savoir si vous aimez l'Eternel, votre Dieu, de tout votre cœur et de toute votre âme. 4 Vous marcherez après l'Eternel, votre Dieu ; et vous le craindrez, et vous garderez ses commandements, et vous écouterez sa voix, et vous le servirez, et vous vous attacherez à lui** "

" **Que la malice des méchants prenne fin, je te prie, et affermis le juste, toi, le Dieu juste, qui sondes les cœurs et les reins** " (Psaume 7/9).

Dieu permet à la séduction de se produire pour mettre à l'épreuve les véritables dispositions de cœur envers Dieu de ceux qui professent avoir la foi en Lui.

" **ils garderont la forme extérieure de la piété, mais ils en renieront la puissance. Éloigne–toi de ces hommes–là** " (2 Timothée 3/5).

" **Il faut bien qu'il y ait aussi parmi vous des controverses, afin que ceux qui sont dignes d'approbation soient manifestés parmi vous** " (1 Corinthiens 11/19).

Dieu permet donc ces séductions pour qu'en définitive, on sache qui est qui au sein de l'Eglise de Jésus-Christ, qui se trouve infiltrée par ces faux prophètes.

"Quiconque me dit : Seigneur, Seigneur ! n'entrera pas forcément dans le royaume des cieux, mais celui–là seul qui fait la volonté de mon Père qui est dans les cieux" (Matthieu 7/21). Voilà un texte clair sur le sujet. Jésus ne s'est pas embarrassé de fioritures pour déclarer ce qu'il en est dans le domaine invisible des dispositions de cœur. Il démontre qui il est, "**Ses yeux étaient comme une flamme de feu**" (Apocalypse 1/14). Il sonde vraiment les cœurs et les reins.

Dans la première lettre aux 7 églises, en s'adressant à celle d'Ephèse, il la loue pour l'aspect qui nous occupe : " **Je connais tes œuvres, ton travail et ta persévérance. Je le sais, tu ne peux supporter les méchants, tu as éprouvé ceux qui se disent apôtres et ne le sont pas, et tu les as trouvés menteurs** " (Apocalypse 2/2).

Une fois encore, le discernement est de rigueur et un certain sens critique doit exister parmi les disciples du Seigneur :

" **Bien–aimés, ne croyez pas tout esprit, mais éprouvez les esprits pour voir s'ils sont de Dieu, car beaucoup de faux prophètes sont sortis dans le monde.**" (1 Jean 4/1). Jean exhorte les croyants à considérer ce qui gouverne l'âme, les dispositions de cœur de ceux qui s'adressent à nous au nom de Dieu. L'idée véhiculée par le texte est que ces faux prophètes vont et viennent dans le monde, ils le parcourent et s'y répandent. C'est bien le cas aujourd'hui puisque certains disposent même de jets privés, ils s'en vantent même, pour se rendre d'un endroit à un autre.

Enfin, le texte nous montre que leur fin est assurée. Dans l'Ancienne Alliance, le peuple devait les lapider (verset 5) mais aujourd'hui, il en va différemment, ils sont laissés libres d'agir de façon inique comme ils le font dans les buts qui ont déjà été expliqués ci-avant mais voici ce que la Bible déclare :

" **Ces hommes–là sont de faux apôtres, des ouvriers trompeurs, déguisés en apôtres de Christ. 14 Et ce n'est pas étonnant, car Satan lui–même se déguise en ange de lumière. 15 Il n'est donc pas étrange que ses serviteurs aussi se déguisent en serviteurs de justice. <u>Leur fin sera selon leurs œuvres</u>** " (2 Corinthiens 11/13-15).

Leur punition aura lieu au jour du Jugement.

" **Jésus se révélera du ciel avec les anges puissants, 8 au milieu d'une flamme de feu, pour punir ceux qui ne connaissent pas Dieu et ceux qui n'obéissent pas à l'Évangile de notre Seigneur Jésus. 9 Ils auront pour juste châtiment une ruine éternelle, loin de la face du Seigneur et de la gloire de sa force** " (2 Thessaloniciens 1/7-9).

C'est donc là où ils conduisent les autres qu'ils seront eux-mêmes conduits : à la perdition éternelle !

En attendant, Dieu permet leur existence pour que le tri saint ait lieu, entre le bon grain et l'ivraie :

" **Mais les hommes méchants et imposteurs avanceront toujours plus dans le mal, égarant les autres et égarés eux–mêmes** " (2 Timothée 3/13).

VIII – LE VERITABLE EVANGILE

On ne peut mesurer l'efficacité de l'Evangile à l'aune de la mesure du succès matériel, c'est là le caractère d'un autre "évangile terrestre", mais la Parole est très claire là aussi : Le Royaume de Dieu ne consiste pas en manger ni boire, mais en justice, paix, joie par le Saint-Esprit (Romains 14/17). Le Royaume de Dieu ne se mesure pas en relation avec les choses visibles, mais avec celles qui sont invisibles. En ce sens, nous parlons ici de l'œuvre du Saint-Esprit dans la vie du croyant, qui le projette dans la vie éternelle.
" **Aussi nous regardons, non point aux choses visibles, mais à celles qui sont invisibles ; car les choses visibles sont momentanées, et les invisibles sont éternelles.** " (2 Corinthiens 4/18).

La prédication du véritable évangile n'évite pas la Croix, le renoncement à soi, l'amour du prochain, la recherche de l'intérêt d'autrui, contrairement aux tenants de la prospérité non-biblique.

Paul affirmait en effet :

" **Car la parole de la croix est folie pour ceux qui périssent ; mais pour nous qui sommes sauvés, elle est puissance de Dieu.** " (1 Corinthiens 1/18).

" **Car puisque le monde, avec sa sagesse, n'a pas connu Dieu dans la sagesse de Dieu, il a plu à Dieu de sauver les croyants par la folie de la prédication** "
(1 Corinthiens 1/21).

C'est par la folie de la prédication de la croix que celui qui croit est sauvé. L'évangile véritable agit directement chez celui qui le croit et le reçoit car l'Evangile est la Bonne Nouvelle du salut éternel pour chaque individu (Jean 3/16 ; Matthieu 18/19-20).

La prédication de l'évangile dans ce monde hostile à Dieu exerce une bonne influence qui ralentit, freine, retient l'esprit d'iniquité. L'Eglise est le sel de la terre, elle est appelée à proclamer l'évangile.

Apocalypse 12/11 " **Mais eux, ils l'ont vaincu par le sang de l'agneau et par la parole dont ils ont rendu témoignage : Ils n'ont pas aimé leur vie jusqu'à craindre la mort** ".

Quel contraste avec l'esprit de " l'autre évangile " centré sur la convoitise et la mondanité et qui se trouve être une véritable insulte à l'encontre de ceux qui sont persécutés à cause du Nom de Jésus.
" **En effet, qui veut sauver sa vie, la perdra ; mais qui perd sa vie à cause de moi, la sauvera.** " (Luc 9/24).

Le véritable évangile n'omet pas les souffrances inhérentes au chrétien, il n'est pas fait que d'eau de rose et de douceur confortable tels ces petits bonbons doux qu'on mâche et qui ressemblent à de la guimauve. Les exigences divines ne sont pas amoindries, la barre est à haut niveau :

Colossiens 3/1-3 " **Si donc vous êtes ressuscités avec le Christ, cherchez les choses d'en haut, où le Christ est assis à la droite de Dieu. 2 Pensez à ce qui est en haut, et non à ce qui est sur la terre. 3 Car vous êtes morts, et votre vie est cachée avec le Christ en Dieu.** "

Galates 2/20 " **Je suis crucifié avec Christ, et ce n'est plus moi qui vis, c'est Christ, qui vit en moi ; ma vie présente dans la chair, je (la) vis dans la foi au Fils de Dieu, qui m'a aimé et qui s'est livré lui–même pour moi.** "

IX – <u>Pourquoi cette soif insatiable d'un autre évangile?</u>

Dans la plupart des pays européens et même aux Etats-Unis, on assiste à un déclin spirituel. De ce fait, le feu de la Pentecôte ne brûle plus dans autant de cœurs et le manque d'appétence spirituelle fait que le baptême dans le Saint-Esprit et la Vie de l'Esprit qui s'ensuit n'est plus reçue.

On n'enseigne plus parfois que le croyant est appelé à être un disciple, c'est-à-dire quelqu'un qui est à l'écoute de son Maître et lui est attaché, avec un engagement personnel à sa suite. Au lieu de cela, on a l'impression que les gens sont conduits vers un supermarché de bénédictions mises à leur disposition. On adore Dieu pour ce qu'il donne et non ce qu'il est et un jour, notre cœur est alors révélé et ne réussit pas l'épreuve de la vérité !

Comme la nature a horreur du vide, il faut bien remplacer l'Evangile véritable par " un autre évangile " et c'est ainsi que cette vacuité en plonge beaucoup dans les séductions actuelles ; ceux-ci prisent alors davantage le côté émotionnel, l'aspect surnaturel et les expériences comme le fait de tomber à terre, en transe, d'être secoué par des rires grotesques…

Au fond, n'y a-t-il pas là une mise à l'épreuve de notre fidélité à la Parole de Vie, dans le fait que nous succombons si vite à de telles séductions qui divisent et ravagent des églises ?

" Et Dieu ne ferait-il point justice à ses élus, qui crient à lui jour et nuit, et tarderait-il à leur égard ? 8 Je vous le dis, il leur fera promptement justice. Mais, quand le Fils de l'homme viendra, trouvera-t-il la foi sur la terre ? " (Luc 18/7-8).

Certains vont même jusqu'à dire que la Parole ne trouve plus d'écho, alors il faut substituer l'atmosphère, la musique, les manifestations, un côté théâtral. Mais comment imaginer que la Parole puissante de Dieu dont Paul parle est insuffisante pour convaincre de péché, de justice et de jugement les âmes et amener les hommes à la conversion ? Pour guérir les malades ? Pour drainer des foules vers Jésus ?

Le problème est que certains ne prêchent plus la Parole, alors celle-ci ne peut pas produire son effet si elle n'a pas été semée ni plantée dans les cœurs.
On demandait un jour à un missionnaire suédois ayant ouvert des églises au Libéria et en Ethiopie et dont l'œuvre subsiste encore aujourd'hui (1 million de chrétiens pentecôtistes en Ethiopie) comment il faisait pour réunir autant de foules.

Dans sa simplicité, ce frère répondit : " Nous prêchons fidèlement l'Evangile, le message de la nouvelle naissance, nous vivons fidèlement les Actes des Apôtres et Dieu agit ". Il avait coutume de dire que le secret d'une telle œuvre bénie n'était pas dans le marketing, ni dans des entorses aux écrits du " vieil Evangile " pour le rendre plus acceptable et plus populaire mais dans une soumission à l'autorité de la Parole de Dieu et au " Il est écrit ", dans une profonde humilité et une recherche constante de la vérité, dans un grand amour fraternel.

Voilà aussi comment celui qu'on a appelé le " prince des prédicateurs ", Charles Haddon Spurgeon, exhortait et encourageait les serviteurs de Dieu :

" Venez, serviteurs de Dieu, et prenez courage. Vous craignez de ne pas être en mesure d'attirer des auditeurs ? Essayez donc de le faire en prêchant un Sauveur Crucifié, ressuscité et monté aux cieux, car c'est Lui qui est la plus grande puissance d'attraction jamais manifestée parmi les hommes. Qui vous a attirés à Christ, sinon lui-même ? Qui vous attire à lui aujourd'hui, sinon lui-même encore ? Si vous avez été amenés à la foi par d'autres moyens, vous en serez vite détournés, mais si Jésus vous a saisis, il vous tiendra jusqu'à la fin. Pourquoi donc faudrait-il douter de sa puissance pour attirer les autres à lui ? Allez avec le nom de Jésus vers ceux qui ont été jusqu'ici rebelles et vous verrez si cela ne les attire pas.

Aucun homme, quel qu'il soit, n'est hors de portée de cette puissance d'attraction. Tous en sentiront la force, qu'ils soient jeunes ou âgés, pauvres ou riches, ignorants ou érudits, dépravés ou décents. Jésus est " l'aimant " par excellence ; n'en cherchons pas d'autre. La musique n'attirera pas à Jésus, ni l'éloquence, la logique, les cérémonies ou le bruit. Jésus lui-même doit attirer les hommes à lui et il sait parfaitement s'occuper de chacun, selon sa situation particulière.

Ne vous laissez pas tenter par les méthodes des charlatans de l'époque mais, en tant que serviteurs employés dans l'œuvre du Seigneur, suivez sa propre voie et attirez les âmes comme il l'a fait lui-même. Attirez les gens à Christ. Attirez-les par lui, car alors Christ se servira de vous pour les attirer à lui... ".

Spurgeon prêchait par l'exemple car son auditoire était nombreux et il gagnait beaucoup d'âmes pour le Seigneur.

En définitive, il y a plusieurs soifs mais seule la soif de l'Evangile véritable peut être étanchée !

La soif d'autre chose que de la Parole de Dieu amène souvent dans les assemblées et parmi les croyants des fièvres sataniques et une ivresse émotionnelle :

" **Que personne, après avoir entendu les paroles de ce serment, ne se flatte dans son cœur et ne dise : J'aurai la paix, quand même je suivrais (les penchants) obstinés de mon cœur, en ajoutant l'ivresse à la soif.** " (Deutéronome 29/19).

Seule la Parole de Dieu étanche la soif mais c'est la soif de cette Parole et de rien d'autre qui déclenche ce processus de réveil :

" **Voici venir des jours–oracle du Seigneur, mon DIEU–où je répandrai la famine dans le pays, non pas la faim du pain, ni la soif de l'eau, mais celle d'entendre la parole du SEIGNEUR.** " (Amos 8/11).

Que voilà une bonne famine et une bonne soif !

2EME VOLET : LA NECESSITE DU DISCERNEMENT SPIRITUEL FACE AUX SEDUCTIONS

La conquête de la ville de Troie est un des récits les plus célèbres de l'histoire de l'antiquité. Les soldats grecs ont assiégé la ville pendant dix années sans réussir à s'en emparer. Ulysse, ce brillant stratège, est exaspéré. Il décide de faire construire un grand cheval de bois, qu'il laisse près de la muraille en faisant croire que c'est un cadeau offert aux invincibles Troyens. La flotte grecque s'éloigne pour donner l'impression qu'elle a accepté la défaite. Remplis de fierté et de curiosité, les Troyens amènent le cheval de bois au-dedans de leurs remparts. Cette nuit-là, des soldats grecs dissimulés à l'intérieur du cheval se faufilent jusqu'aux portes de la ville et les ouvrent pour laisser entrer le reste de l'armée grecque. Les soldats massacrent la population et pillent la ville avant de la détruire complètement par le feu. Depuis ce jour-là, l'expression "cheval de Troie" signifie "infiltration et tromperie."
Au fil de son histoire, l'Eglise a accueilli bien des chevaux de Troie. Satan a œuvré efficacement et fait s'éloigner les gens de la vérité divine pour les attirer dans des pièges destructeurs.

L'Eglise de Jésus-Christ connaît une confusion sans précédent.
L'apôtre Paul a dit : " **Sache que dans les derniers jours, surgiront des temps difficiles, car les hommes seront égoïstes, amis de l'argent, fanfarons, orgueilleux, blasphémateurs, rebelles à leurs parents, ingrats, sacrilèges, insensibles, implacables, calomniateurs, sans frein, cruels, ennemis des gens de bien, traîtres, impulsifs, enflés d'orgueil, aimant leur plaisir plus que Dieu ; ils garderont la forme extérieure de la piété, mais ils en renieront la puissance** " (2 Timothée 3/1-5).

L'Apôtre Pierre a aussi affirmé : " **...Il y a parmi vous de faux docteurs qui introduiront insidieusement des hérésies de perdition et qui, reniant le Maître qui les a rachetés, attireront sur eux une perdition soudaine. Beaucoup les suivront dans leurs dérèglements et à cause d'eux, la voie de la vérité sera calomniée. Par cupidité, ils vous exploiteront au moyen de paroles trompeuses** " (2 Pierre 2/1-3).

Le Seigneur a indiqué aux conducteurs religieux de son époque la nécessité de distinguer l'erreur de la vérité, au-delà de considérations superficielles sur la pluie ou le beau temps (Matthieu 16/1-3).

Le discernement est nécessaire pour retrouver la piété, l'éthique biblique, la saine doctrine et la révérence envers Dieu et l'adoration dont Il est digne, ainsi que la repentance et l'humilité.

I - Qu'est-ce que le discernement spirituel ?

Le discernement spirituel est la capacité à distinguer entre la vérité divine et l'erreur. Dans 1 Thessaloniciens 5/21, l'apôtre nous ordonne d'examiner toutes choses. Autrement dit, il nous appelle à tout mettre à l'épreuve pour voir ce qui est authentique et ce qui ne l'est pas. En tant que chrétiens, nous devons évaluer toutes les réalités avec lesquelles nous entrons en contact, pour séparer le vrai du faux, l'acceptable de l'inacceptable, le bon du mauvais. Cette tâche peut s'avérer ardue.

Pourquoi ?
- Premièrement, parce que nous devons constamment rejeter les désirs de notre chair pécheresse,

- La deuxième raison est que nous sommes constamment exposés aux tromperies de Satan : le diable fait tout son possible pour nous entraîner dans la confusion et l'égarement,

- La troisième raison est que l'esprit du monde cherche sans cesse à nous influencer pour dominer sur nous.

Pour résister au monde, à la chair, et au diable, il nous faut *"***nous attacher fortement au bien***"*. De tout notre cœur, nous devons nous attacher à ce qui est foncièrement authentique et vrai.
"du reste, frères, que tout ce qui est vrai, tout ce qui est honorable, tout ce qui est juste, tout ce qui est pur, tout ce qui est aimable, tout ce qui mérite l'approbation, ce qui est vertueux et digne de louange, soit l'objet de vos pensées " (Philippiens 4/8).

Nous devons aussi nous abstenir *"***du mal sous toutes ses formes***"* (1 Thessaloniciens 5/22). Cela signifie que nous devons nous séparer de tout ce qui est perverti, tout comme nous éviterions une peste mortelle ou un poison violent.

Il y a aujourd'hui énormément de négligence dans ce domaine et on oublie de faire comme les chrétiens de Bérée (" **ils reçurent la parole avec beaucoup d'empressement, et ils examinaient chaque jour les Écritures, pour voir si ce qu'on leur disait était exact** " - Actes 17/11). On néglige de confronter l'enseignement que l'on reçoit à ce que l'Ecriture enseigne.

Le discernement spirituel suppose d'aiguiser notre sens critique dans le bon sens du terme et le bon sens est donc pour cela privilégié. C'est ce que le roi David désirait posséder :

" **Enseigne–moi le bon sens et la connaissance ! Car je crois à tes commandements**" (Psaumes 119/66).

" Houram dit encore : Béni soit l'Éternel, le Dieu d'Israël, qui a fait le ciel et la terre, de ce qu'il a donné au roi David un fils <u>sage</u>, <u>au bon sens et à l'intelligence éprouvés</u>, qui va bâtir une maison à l'Éternel et une maison royale pour lui !" (2 Chroniques 2/12).

"ne vous laissez pas promptement ébranler dans <u>votre bon sens</u>, ni alarmer par quelque inspiration, par quelque parole ou par quelque lettre qui nous serait attribuée, comme si le Jour du Seigneur était déjà là" (2 Thessaloniciens 2/2).

Enfin, la Parole de Dieu souligne que le remède pour celui qui est égaré est de revenir dans son bon sens et beaucoup en auraient besoin aujourd'hui :

"<u>pour revenir à leur bon sens</u> et pour se dégager des pièges du diable qui les a capturés, afin de les soumettre à sa volonté" (2 Timothée 2/25).

II - La cause du manque de discernement : l'insuffisance doctrinale

Je rends grâce à Dieu d'avoir reçu, dès ma conversion, un enseignement doctrinal solide de la part de mon Pasteur. En effet, 3 semaines après ma conversion, l'église me confiait le stand biblique sur le marché et le contact avec la population de toutes croyances allait mettre à l'épreuve l'enseignement que j'avais reçu. Mais dès lors qu'il était solide, il m'a servi à apprendre, à persuader, convaincre et atteindre les autres.

De nos jours, l'enseignement doctrinal est souvent délaissé voire méprisé par des gens qui considèrent le fait d'étudier la Bible et la doctrine systématique qu'elle comporte comme un élément intellectuel pouvant assécher la vie spirituelle.
Même les Pasteurs semblent se désintéresser de l'étude biblique et il est rare de trouver une église aujourd'hui où un solide programme d'enseignement biblique est dispensé. Pas étonnant que les croyants soient en conséquence peu fondés et sombrent dès qu'une épreuve surgit.

Une sorte d'activisme a pris le dessus et on pense, en multipliant les activités, gagner davantage d'âmes mais en réalité, si on ne sait pas garder celle qu'on gagne pour Christ, nous tombons dans une spirale qui va à l'encontre de ce pourquoi nous œuvrons.

Esdras avait compris que l'enseignement de la Parole de Dieu au peuple d'Israël revenant de captivité et ayant en quelque sorte perdu quelques "trésors spirituels" en route était capital pour que les israélites s'attachent à leur Dieu.

Après l'enthousiasme lié à la reconstruction des murailles de Jérusalem et des fondations du Temple, Esdras savait que l'existence même du Peuple d'Israël était liée à sa connaissance de la Parole de Dieu contenant les lois de l'Eternel pour lui.

"Esdras ouvrit le livre à la vue de tout le peuple, car il se trouvait plus haut que tout le peuple ; et lorsqu'il l'eut ouvert, tout le peuple se tint debout.6 Esdras bénit l'Éternel, le grand Dieu, et tout le peuple répondit, en levant les mains : Amen ! Amen ! Ils s'inclinèrent et se prosternèrent devant l'Éternel, la face contre terre. Josué, Bani, Chérébia, Yamîn, Aqqoub, Chabbethaï, Hodiya, Maaséya, Qelita, Azaria, Yozabad, Hanân, Pelaya et les Lévites, faisaient comprendre la loi au peuple, et le peuple restait debout. 8 Ils lisaient distinctement dans le livre de la loi de Dieu et ils en donnaient le sens pour faire comprendre ce qu'ils avaient lu. 9 ¶ Néhémie, le gouverneur, Esdras, le sacrificateur–scribe, et les Lévites qui enseignaient le peuple dirent à tout le peuple : Ce jour est consacré à l'Éternel, votre Dieu ; ne soyez pas dans le deuil et dans les pleurs ! Car tout le peuple pleurait en entendant les paroles de la loi. On lut dans le livre de la loi de Dieu, chaque jour, depuis le premier jour jusqu'au dernier. On célébra la fête pendant sept jours, et il y eut une cérémonie solennelle le huitième jour, selon la règle...Lorsqu'ils furent debout, à leur place, on lut dans le livre de la loi de l'Éternel, leur Dieu, pendant un quart de la journée ; et pendant un autre quart ils confessèrent (leurs péchés) et se prosternèrent devant l'Éternel, leur Dieu" (Néhémie 8/5-9,18, 9/3).

Pour une telle tâche, Dieu n'avait pas fait venir un super-pasteur faisant tomber par terre les gens mais Esdras était caractérisé ainsi : "**Cet Esdras monta de Babylone ; c'était un scribe, versé dans la loi de Moïse donnée par l'Éternel, le Dieu d'Israël. Et comme la main de l'Éternel, son Dieu, était sur lui, le roi lui accorda tout ce qu'il demandait**" (Esdras 7/6).

Rien n'est plus faux que de penser qu'on peut dispenser l'Eglise d'un tel fondement, c'est même inintelligent quand on sait que les Juifs, Jésus, Paul, Pierre et d'autres encore étaient enseignés de la doctrine des Ecritures. C'est grâce à sa connaissance des Ecritures que, dès sa conversion, Paul put annoncer Christ en tant que Fils de Dieu dans les synagogues (Actes 9/22).

Les pasteurs sont donc plus souvent absorbés par toutes sortes de programmes et ne prennent plus le temps de préparer un solide programme de formation biblique à destination du troupeau dont ils ont la charge. Ne parlons même pas de la préparation au baptême, bien souvent inexistante. Le résultat est l'immaturité spirituelle, la fragilité doctrinale et l'accent placé sur les manifestations et les émotions.

Je suis quelqu'un qui apprécie avant tout l'évangélisation mais je suis incapable de la concevoir en tant que pasteur d'une assemblée sans un programme de suivi et une préparation sérieuse au baptême. Une véritable formation du disciple est de rigueur avant le baptême afin que ceux qui s'engagent ainsi à la suite du Seigneur soient en pleine connaissance de ce qu'ils font. Un ami pasteur de la région parisienne oblige chaque nouveau converti à suivre un cours de formation du disciple très bien fait.

Bien des outils existent et nous sommes inexcusables de ne pas les utiliser, sachant le bon fruit qui peut en découler.
Le manque d'enseignement a provoqué une tendance à avoir un langage théologique imprécis, confus et on utilise ainsi des termes comme " onction " et d'autres de façon vague, sans savoir de quoi on parle vraiment et tout cela est toléré.

Cette imprécision et cette confusion conditionne les croyants à désirer ce qui leur donne un sentiment de satisfaction uniquement.

Le pasteur anglais Martyn Lloyd-Jones disait : " *La pensée précise, les définitions et les dogmes sont affreusement dévalués. On insiste constamment sur l'idée que la religion est une puissance à notre service, destinée à nous procurer le bonheur. On met beaucoup trop l'accent sur les émotions et les sentiments au détriment de l'intelligence. Bien trop souvent on donne aux gens l'impression que la foi chrétienne doit leur apporter une série ininterrompue de délivrances miraculeuses, pour les libérer de tous les maux possibles et imaginables... On leur fait croire qu'il suffit de demander à Dieu tout ce dont ils pensent avoir besoin à un moment donné, pour que cela leur soit accordé... Nous nous sommes tellement focalisés sur nous-mêmes, sur nos états d'âme, nos sentiments, et notre état intérieur, que devant un problème extérieur (qui toutefois nous affecte en profondeur) nous ne savons plus que penser ni par où commencer.* (Cité par Iain Murray dans "David Martyn Lloyd-Jones, The Fight of Faith", Vol.2, Editions Banner of Truth, 1990).

Le fait de placer l'expérience et l'émotion au-dessus de la révélation divine fait que beaucoup de gens se croient chrétiens sans être passés par la repentance, une conversion qui transforme leur vie et la nouvelle naissance ou régénération qui s'ensuit.

Un jour, alors que je devais apporter la prédication dans mon église, j'ai eu la forte conviction que je devais prêcher avec punch sur le thème de la nouvelle naissance. Ce que j'appelle punch, c'est prêcher dans la puissance de l'Esprit tout en apportant un exposé doctrinal solide sur la question. Au fond, c'est ne pas oublier que l'auditoire est vivant et que l'Esprit de Dieu peut révéler prophétiquement des choses au niveau de la prédication.

Après la prédication, je fis un appel pour ceux qui pensaient avoir compris ce que je venais de prêcher et désiraient réagir à la prédication.

Dans un premier temps, un homme pris de repentance vint me dire en tremblant d'une sainte crainte de Dieu qu'il venait de réaliser qu'il péchait en négligeant les réunions de prière et il s'engagea à s'y rendre, ce qu'il a toujours fait depuis.

Ensuite, vint un homme qui assistait aux réunions de l'église depuis longtemps et au fond, " faisait partie des meubles ", comme on a coutume de dire. Tous étaient habitués à sa présence. Il vint à l'appel et je lui demandai : " Etes-vous né de nouveau ? ". Il me répondit que non. Je lui dis alors : " Voulez-vous naître de nouveau ? " Il me répondit alors en tremblant : " non ".

Or, il y avait longtemps que je me posais des questions à son sujet mais cette réaction spirituelle à la prédication a été déterminante.

Plus tard, on me dit qu'on allait le baptiser. En expliquant la raison, je fus toutefois le seul à m'opposer à son baptême. Il fut donc baptisé mais quelque temps plus tard, il fut source de trouble dans l'église et abandonna les voies de Dieu et le chemin de l'assemblée.

Nous voyons là l'importance de l'enseignement des doctrines fondamentales de la Bible dans la puissance du Saint-Esprit. Les Ecritures ne sont pas toujours " la lettre qui tue ". Si nous ne sommes pas figés dans des convictions essentiellement humaines ou qui reposent sur une tradition, elles peuvent devenir " Esprit et Vie ".

III - <u>Attention au relativisme</u>

Certains disent : "la doctrine engendre des divisions." C'est vrai ! Si on écarte la vérité biblique, et si on se tait par crainte d'offenser les autres, les oppositions disparaîtront. Mais d'autres réalités disparaîtront du même coup : la vérité, la sainteté, et Dieu Lui-même. Jude 1/3-4 nous enjoint de *"***combattre pour la foi qui a été transmise aux saints une fois pour toutes. Car il s'est glissé parmi vous certains hommes... qui changent en dérèglement la grâce de notre Dieu, et qui renient notre seul Maître et Seigneur Jésus-Christ***"*. Si on dilue la doctrine, on ne fait que faciliter la tâche de ceux qui, en secret, s'efforcent de saccager l'Eglise et d'excuser leur péché et leur tromperie.

Dans l'Eglise d'aujourd'hui, beaucoup pensent en termes de "continuité", c'est-à-dire qu'ils perçoivent la réalité comme un continuum, un tout dans lequel il est impossible d'établir des séparations. Loin de voir le monde en noir et blanc, de séparer le bien du mal et le juste du faux, ces gens préfèrent tout transposer dans une gamme de gris, avec une infinité de nuances. Satan en empêche beaucoup de penser en termes d'antithèses et d'oppositions ; il remporte ainsi de grands succès, car aujourd'hui, l'Eglise ne sait parfois plus distinguer entre la vérité divine et l'erreur.

C'est le relativisme d'ailleurs prôné par le Nouvel Age qui a fait son entrée dans l'Eglise.

Le chrétien doit acquérir une mentalité qui fonctionne de manière antithétique, et non une mentalité relativiste. Selon le Professeur Jay Adams : *"Ceux qui étudient la Bible pensent en termes d'antithèses. Ils raisonnent en termes de contrastes, d'opposés. De la Genèse à l'Apocalypse, les voies de Dieu sont présentées comme étant au-dessus de toute autre voie. La Bible n'enseigne pas que de nombreuses voies plaisent à Dieu, et que toutes se valent. Elle n'enseigne pas que de multiples opinions peuvent correspondre, plus ou moins bien, aux voies de Dieu. Ce que la Bible enseigne d'un bout à l'autre, c'est que toute pensée, toute voie qui ne correspond pas en tous points aux voies de Dieu est entièrement fausse, et doit être rejetée. D'après la Bible, rater la cible de peu ou de beaucoup, c'est toujours rater. Il y a un seul Dieu, et un seul chemin de la vie : Son chemin !"*

Nombreux, aujourd'hui, sont ceux qui n'aiment pas entendre de tels propos, même dans l'église. Pourquoi ? Parce qu'ils ont une autre mentalité. Beaucoup n'ont pas connu la Bible dès leur enfance ou alors ils ne l'ont jamais étudiée sérieusement par la suite. Ils ont une mentalité étrangère à la Bible.

Les pasteurs autant que les autres membres sont marqués par leur environnement : or, celui-ci tend à percevoir toutes choses comme un continuum. La notion même d'antithèse subit une érosion croissante, car on s'efforce de plus en plus d'amalgamer la Bible, la sociologie, la psychologie, et les principes de gestion de l'entreprise.

Je constate cela chaque jour dans le monde du travail et dans les formations liées à la communication ou au management qui sont dispensées.

Loin d'amalgamer la pensée du monde et la vérité de Dieu, le psalmiste les sépare nettement : *"***Heureux l'homme qui ne marche pas selon le conseil des méchants, qui ne s'arrête pas sur le chemin des pécheurs, et qui ne s'assied pas sur le banc des moqueurs, mais qui trouve son plaisir en la loi de l'Eternel, et qui médite sa loi jour et nuit !***"* (Psaume 1/1-2). Tite 1/9 nous dit de réfuter l'erreur doctrinale en étant attachés *"***à la parole authentique telle qu'elle a été enseignée, afin d'être capable d'exhorter selon la saine doctrine et de convaincre les contradicteurs***"*

IV - L'Eglise se soucie trop de son image

L'église manque aussi de discernement parce qu'elle se préoccupe de son image et veut faire de sa propre influence une clé pour l'évangélisation. Aujourd'hui, elle croit que pour gagner les perdus, elle doit d'abord gagner leur estime. Elle n'enseigne donc plus les doctrines bibliques du péché, de l'enfer, de la repentance et de la croix, de peur d'offenser les perdus ou de les mettre mal à l'aise. Non, elle se vend elle-même ; elle se transforme en une entreprise bienveillante, sans danger pour quiconque, et dont le but premier est de s'attirer prestige et popularité. Elle cherche à se faire accepter, intellectuellement parlant, par les perdus. Son raisonnement est le suivant : "S'ils commencent par nous apprécier, alors ils finiront par apprécier notre Jésus."

De ce fait, les églises évangéliques peinent à prendre position sur des sujets de société complexes tels que l'euthanasie, le mariage homosexuel, l'adoption d'enfants par des personnes du même sexe, etc....

Parfois, elle a affiché une position mais au moment où il faut accentuer celle-ci, elles semblent battre en retraite et se taire dans un silence assourdissant, oubliant que l'Eglise est le sel de la terre.

Il est vrai que l'Eglise véritable doit évangéliser avec amour et avec grâce ; mais jamais elle ne doit édulcorer l'enseignement de la Parole de Dieu ni proclamer un évangile à l'eau de rose.

J'ai entendu beaucoup de serviteurs de Dieu se donner toutes sortes d'excuses juridiques et autres pour ne pas prêcher publiquement la Parole de Dieu. Personnellement, je mets un point d'honneur à proclamer celle-ci sur la voie publique, sachant que d'autres n'ont pas attendu pour prendre la place. Mon message reste le péché, la croix, le Ciel et l'enfer, tel que je l'ai entendu pour la première fois. C'est le message qui m'a permis d'être sauvé.
Récemment, je me réjouissais de voir un jeune brésilien prêcher dans les rues d'une ville d'Espagne. Il avait avec lui une sorte de cercueil en carton avec une croix et il parlait de la crise financière et de la solution ultime à cette crise : Jésus.

Il n'a eu aucun impact d'autant plus qu'il oubliait la véritable substance de son message. En effet, il n'a dit aucun mot sur le péché de l'humanité et ses conséquences, le salut offert par grâce en Jésus, la nécessité de la repentance et de la conversion. Ce message aurait dû avoir un impact, positif ou négatif. Au lieu de cela, une indifférence totale de la population. J'en ai été peiné car il m'a semblé que tout ce zèle déployé se révélait inefficace voire inutile à cause du vide du message.

V - **Une mauvaise interprétation de la Parole de Dieu**

L'Eglise d'aujourd'hui n'interprète pas correctement la Parole de Dieu, parce que pour une large part elle ne lui voue que de l'indifférence. Il y en a qui enseignent dans les églises sans avoir appris à étudier la Parole de Dieu et qui ont une théologie faussée. D'autres ont bien la formation nécessaire, mais ils ont un penchant pour l'anecdote, ou alors ils mêlent des idées humaines à la vérité biblique. D'autres encore sont tout simplement trop paresseux pour avoir à cœur d'interpréter correctement la Parole de Dieu. Il en est aussi qui arrivent à ce qu'ils croient être la vérité, par quelque intuition mystique, quelque expérience, ou quelque émotion. Par ailleurs, l'Eglise actuelle considère plus ou moins que tout un chacun doit être considéré comme un expert en matière d'interprétation de la Bible.

L'interprétation de la Parole de Dieu est une science exigeante qui demande du savoir-faire et de la précision. A moins qu'un chrétien n'ait été bien enseigné, n'ait de bonnes connaissances, et n'ait été formé à l'interprétation par quelqu'un qui sait comment faire, il y a peu de chances qu'il sache interpréter les Ecritures correctement.

Je loue Dieu de ce que des jeunes chrétiens aient pris le parti d'étudier la Bible soit en institut biblique soit par correspondance, travaillant avec ténacité afin de disposer du meilleur équipement possible pour leur ministère. Leur vision pour l'église qu'ils dirigeront, le soin qu'ils prendront du troupeau, leur doctrine, leur impact pour le Seigneur sera conditionné par cette tâche ardue de l'étude.

Ceux qui font du sentimentalisme exacerbé à propos d'Israël devraient plutôt s'inspirer de leurs rabbins, qui passent des heures à étudier la Torah tant ils ont discernée l'importance de savoir ce qu'elle a à nous dire et à nous apprendre. Même si la connaissance ne sauve pas et qu'elle peut enfler d'orgueil certaines personnes, s'en dispenser est à la fois un risque d'être abêti spirituellement parlant mais constitue un danger d'être séduit.

VI - <u>Le refus de la discipline dans l'Eglise</u>

Le discernement spirituel fait également défaut parce qu'on renonce à la discipline dans l'église. Le Seigneur Jésus-Christ nous dit d'agir ainsi : **"Si ton frère a péché, va et reprends-le seul à seul ; s'il t'écoute, tu as gagné ton frère. Mais s'il ne t'écoute pas, prends avec toi une ou deux personnes, afin que toute l'affaire se règle sur la parole de deux ou trois témoins. S'il refuse de les écouter, dis-le à l'Eglise ; et s'il refuse aussi d'écouter l'église, qu'il soit pour toi comme un païen et un péager"** (Matthieu 18/15-17).

Il importe que la sainteté règne dans l'église. L'Apôtre Paul a reproché à l'Eglise de Corinthe de tolérer le péché. **"On entend parler constamment d'inconduite parmi vous, et d'une inconduite telle qu'elle ne se rencontre pas même chez les païens ; c'est au point que l'un de vous a la femme de son père. Et vous êtes enflés d'orgueil ! Et vous n'avez pas plutôt pris le deuil, afin que celui qui a commis cet acte soit ôté du milieu de vous ! Pour moi, absent de corps, mais présent d'esprit, j'ai déjà jugé, comme si j'étais présent, l'auteur d'une telle action. Car au nom du Seigneur Jésus, vous et mon esprit, nous nous sommes assemblés avec la puissance de notre Seigneur Jésus : qu'un tel homme soit livré à Satan pour la destruction de la chair, afin que l'esprit soit sauvé au jour du Seigneur Jésus ! Il n'est pas beau, votre sujet de gloire ! Ne savez-vous pas qu'un peu de levain fait lever toute la pâte ?"** (1 Corinthiens 5/1-6).

L'absence de discipline dans l'église tue le discernement spirituel et détruit la sainteté. Si l'on confronte réellement le péché, on dresse une muraille entre le monde et l'église, en séparant ceux qui obéissent au Seigneur de ceux qui ne Lui obéissent pas. Il est capital que les chrétiens tracent une ligne de démarcation claire et nette entre le bien et le mal. Le message que l'Eglise envoie vers les perdus devrait être celui-ci : "Nous sommes un peuple saint et nous vous annonçons un message qui vous permet de devenir comme nous."

VII - L'immaturité spirituelle

Beaucoup, au sein de l'Eglise, ne connaissent la Parole de Dieu que superficiellement. Pour connaître la vérité, ils font confiance à leurs expériences personnelles et à leurs sentiments. Ou alors la recherche du succès et du bien-être personnel constitue pour eux un mode de vie. Ils agissent comme des bébés. Un bébé qui se déplace à quatre pattes porte à la bouche tout ce qui lui tombe sous la main, parce qu'il ne sait pas faire la différence entre ce qui est bon et ce qui est mauvais pour lui. De même, ceux qui n'ont pas de maturité spirituelle ont tendance à gober les faux enseignements parce qu'on ne leur a pas appris à distinguer la vérité divine de l'erreur. Ephésiens 4/14-15 nous dit : *"***Ainsi nous ne serons plus des enfants, flottants et entraînés à tout vent de doctrine, joués par les hommes avec leur fourberie et leurs manœuvres séductrices, mais en disant la vérité avec amour, nous croîtrons à tous égards en celui qui est le chef, Christ.***"*

La clé de la maturité spirituelle, c'est une compréhension approfondie de la Parole de Dieu. Nous lisons dans Hébreux 5/12-14 : *"***Alors que vous deviez, avec le temps, être des maîtres, vous avez de nouveau besoin qu'on vous enseigne les premiers principes élémentaires des oracles de Dieu : vous en êtes venus à avoir besoin de lait et non de nourriture solide. Or quiconque en est au lait n'a pas l'expérience de la parole de justice, car il est un enfant. Mais la nourriture solide est pour les hommes faits, pour ceux qui, par l'usage, ont le sens exercé au discernement du bien et du mal.***"*

Mon premier pasteur savait manier la Parole de Dieu et je l'ai vu ouvertement résister à des contradicteurs entrant dans l'église et les confondre avec sagesse et le punch indispensable. Inutile de dire que son influence m'a marqué profondément.

Vous êtes nombreux à faire preuve de discernement dans le domaine de la vie quotidienne. Vous lisez les étiquettes des produits alimentaires parce que vous voulez rester en bonne santé. Avant d'investir en bourse, vous lisez les comptes rendus boursiers – y compris ce qui est écrit en petits caractères. Si vous devez subir une opération chirurgicale, vous choisissez avec soin le chirurgien. Peut-être savez-vous bien analyser les questions politiques, et êtes-vous au fait de la situation intérieure comme de la politique étrangère. Peut-être êtes-vous un spécialiste des commentaires qui suivent les matchs de football. Mais savez-vous faire la différence entre la vérité divine et l'erreur ?

Lors d'un rassemblement, j'ai apprécié la prédication d'un homme qui indiquait les raisons pour laquelle l'Eglise était actuellement en souffrance et il s'avère qu'il revenait souvent à l'immaturité spirituelle et dans tous les domaines comme source de cette souffrance.

Lors de ce rassemblement, je constatai la force de la croyance de certaines personnes à tout mettre sur le dos du diable, remplaçant leur immaturité et leur indolence spirituelle par le fait de penser qu'ils étaient possédés.
N'est-ce pas peu surprenant quand on constate qu'il n'y a pas cette soif d'étudier les Saintes Ecritures ? Et aussi de se remettre en question et de souhaiter faire quelques efforts !

VIII - <u>Comment obtenir le discernement spirituel ?</u>

Il faut le désirer ardemment, ce qui sera de notre part une démonstration à Dieu que nous nous conformons à sa volonté et uniquement à sa volonté qui est clairement et nettement exprimée par Sa Parole, la Bible.

Le discernement spirituel commence par le désir de l'obtenir. Si vous ne recherchez que le bonheur, la santé et la richesse, vous n'aurez pas de discernement spirituel. Il faut être suffisamment humble pour admettre votre besoin de discernement. Proverbes 2/2-5 nous enseigne : "**Si tu prêtes une oreille attentive à la sagesse, et si tu inclines ton cœur à la raison ; oui, si tu appelles l'intelligence, et si tu élèves ta voix vers la raison, si tu la cherches comme l'argent, si tu la recherches avec soin comme des trésors, alors tu comprendras la crainte de l'Eternel, et tu trouveras la connaissance de Dieu.**"

Etes-vous d'accord pour suivre le chemin qui conduit au discernement spirituel ? Ou préférez-vous rester au stade de l'enfance immature ?

Il faut prier pour cela ! Ce doit être un vif sujet de prière.

En même temps que vous désirez obtenir le discernement spirituel, vous devez rester dépendant du Seigneur en Le priant de vous l'accorder. Le roi Salomon a prié ainsi : "**Accorde donc à ton serviteur un cœur attentif pour gouverner ton peuple, pour discerner le bien du mal !**" *(1 Rois 3/9)*. Le Seigneur lui a répondu : "**Puisque c'est là ce que tu demandes, et que tu ne demandes pas pour toi une longue vie, et que tu ne demandes pas pour toi la richesse, et que tu ne demandes pas la mort de tes ennemis, mais puisque tu demandes pour toi de l'intelligence afin d'être attentif au droit, voici : j'agirai selon ta parole. Je te donnerai un cœur sage et intelligent, de telle sorte qu'il n'y aura pendant toute ta vie aucun homme parmi les rois qui soit semblable à toi.**" *(1 Rois 3:10-11)*. Et Jacques 1:5 nous dit : "**Si quelqu'un d'entre vous manque de sagesse, qu'il la demande à Dieu qui la donne à tous libéralement et sans faire de reproche, et elle lui sera donnée.**"

Il faut savoir aussi recevoir des leçons des autres. Combien de fois des pasteurs n'ont-ils pas dispensé de bons conseils restés sans réaction par ceux qui en étaient l'objet et combien alors de vies fracassées ! Je me souviendrai toujours de ce frère qui, après avoir consulté tous les croyants de l'église sur son futur mariage a ensuite pris la peine de consulter pasteurs et anciens. Tous unanimement lui avaient déconseillé ce mariage hors de sens.

Il n'en a fait qu'à sa tête et peu de temps après le mariage, le divorce était prononcé avec un dommage collatéral : un enfant.

Que dire de tous ces hommes ou femmes qui veulent un conjoint parfait lorsqu'il est chrétien et qui finissent dans les bras d'un ou d'une incrédule ! Oh, ils ont gardé leur foi mais ne disposent alors plus de la même liberté qu'autrefois pour rendre un culte à Dieu et le servir.

Le fait est que ces personnes suivent davantage leurs sentiments trompeurs que la raison.

Vous pouvez apprendre le discernement spirituel en observant l'exemple de chrétiens mûrs qui ont eux-mêmes reçu ce don. Dans l'Eglise primitive, certains avaient reçu un don particulier pour discerner entre la vérité divine et l'erreur (Voir 1 Corinthiens 12/10). Il s'agissait d'un don essentiel, car de faux docteurs essayaient déjà par leurs enseignements de détruire cette Eglise primitive. 1 Jean 4/1 nous commande : **"Eprouvez les esprits, pour savoir s'ils sont de Dieu, car plusieurs faux prophètes sont venus dans le monde."**

Sachons apprendre de ceux qui enseignent la saine doctrine et qui ont cette faculté de démasquer les faux docteurs. Leur pensée est minutieuse, approfondie, analytique et critique. Ils sont les gardiens de la vérité dans l'Eglise. Certains enseignent dans des écoles bibliques, d'autres écrivent des ouvrages, d'autres tout simplement sont de véritables bergers soucieux du troupeau qui leur a été confié. Mais de toute manière, ils nous aident à discerner clairement entre le bien et le mal. A nous de tirer profit de leurs enseignements et de leurs écrits.

Il faut également prendre en compte l'exemple donné par d'autres chrétiens mûrs dans la foi. De même que les parents œuvrent pendant de longues années pour que leurs enfants parviennent à la maturité, de même un chrétien a besoin de bien des années pour atteindre la maturité spirituelle.

Le chrétien ne peut pas faire cette prière simpliste : "Seigneur, accorde-moi le discernement", et se réveiller le lendemain matin en croyant l'avoir reçu. Pour parvenir à la maturité spirituelle, il faut faire preuve d'intelligence et se nourrir de la Parole de Dieu. Dans 1 Pierre 2/2, nous lisons : **"Désirez comme des enfants nouveau-nés le lait non frelaté de la parole, afin que par lui vous croissiez pour**

le salut." C'est aussi au travers des épreuves que Dieu donne la maturité chrétienne : *"Le Dieu de toute grâce, qui en Christ vous a appelés à sa gloire éternelle, après que vous aurez souffert un peu de temps, vous formera lui-même, vous affermira, vous fortifiera, vous rendra inébranlables."* (1 Pierre 5/10).

Il nous faut être conduit par l'Esprit.
C'est le Saint-Esprit qui est le véritable "Discerneur", et c'est Lui qui vous conduira dans toute la vérité (Jean 16/13). Il connaît la pensée de Dieu à la perfection. *"**Qui donc, parmi les hommes, sait ce qui concerne l'homme, si ce n'est l'esprit de l'homme qui est en lui ? De même, personne ne connaît ce qui concerne Dieu, si ce n'est l'Esprit de Dieu. Or nous, nous n'avons pas reçu l'esprit du monde, mais l'Esprit qui vient de Dieu, afin de savoir ce que Dieu nous a donné par grâce. Et nous parlons, non avec des discours qu'enseigne la sagesse humaine, mais avec ceux qu'enseigne l'Esprit, en expliquant les réalités spirituelles à des hommes spirituels. Mais l'homme naturel ne reçoit pas les choses de l'Esprit de Dieu, car elles sont une folie pour lui, et il ne peut les connaître, parce que c'est spirituellement qu'on en juge. L'homme spirituel, au contraire, juge de tout, et il n'est lui-même jugé par personne. En effet : Qui a connu la pensée du Seigneur, pour l'instruire ? Or nous, nous avons la pensée de Christ**"* (1 Corinthiens 2/11-16).

Laissez le Saint-Esprit contrôler votre vie, renoncez au péché et rejetez-le loin de vous, pour vivre dans la pureté et la sainteté. Galates 5/16 nous dit : *"**Je dis donc, marchez par l'Esprit, et vous n'accomplirez point les désirs de la chair.**"* Si vous obéissez de cette manière-là, le Saint-Esprit fera de vous un chrétien capable de discernement. Etudiez la Parole de Dieu

Conclusion :

Le discernement spirituel n'abondera que là où l'on se livre à une étude intensive et fidèle de la Bible. Pour être capable de discernement spirituel, il ne vous suffira pas de le désirer, de prier pour l'obtenir, d'observer l'exemple de chrétiens mûrs et doués de discernement, et de dépendre du Saint-Esprit : il vous faut aussi étudier la Parole de Dieu avec sérieux. C'est l'Ecriture qui renferme les principes et les vérités permettant de saisir la différence entre la vérité et l'erreur. En Actes 17, par exemple, les Juifs de Bérée recevaient avec joie l'enseignement de Paul, mais ils le mettaient à l'épreuve en le comparant aux doctrines de l'Ancien Testament. C'est pourquoi beaucoup de Béréens mirent leur foi en Christ.

En Actes 20, Paul met en garde les conducteurs de l'église d'Ephèse au sujet des faux docteurs qui allaient tenter de s'infiltrer au sein de l'Eglise pour la dévaster. Pour conclure, il dit : "**Et maintenant, je vous confie à Dieu et à la parole de sa grâce, qui a la puissance d'édifier et de donner l'héritage parmi tous ceux qui sont sanctifiés**" (Actes 20/32). Paul savait combien il était essentiel d'étudier avec soin la Parole de Dieu, afin que l'Eglise soit gardée de l'erreur.

En 2 Timothée 2/15, nous lisons : *"***Efforce-toi de te présenter devant Dieu comme un homme qui a fait ses preuves, un ouvrier qui n'a pas à rougir et qui dispense avec droiture la parole de vérité.***"*

Qu'en est-il de vous ? De quelle manière étudiez-vous la Parole de Dieu ? Superficiellement, sans la prendre à cœur ? Ou bien l'étudiez-vous en profondeur, en y apportant tous vos soins ? Une étude approfondie de la Parole de Dieu demande un effort ; mais n'oubliez jamais que "**Toute Ecriture est inspirée de Dieu et utile pour enseigner, pour convaincre, pour redresser, pour éduquer dans la justice, afin que l'homme de Dieu soit adapté et préparé à toute œuvre bonne**"(2 Timothée 3/16-17).

3EME VOLET : CE QUI SE PROFILE DERRIERE LES FAUSSES DOCTRINES ET LES SEDUCTIONS SPIRITUELLES

Nous l'avons déjà dit, du côté des ténèbres, actuellement, l'apostasie a cours, cet abandon de la foi et de l'attachement à la vérité. Par ailleurs, l'esprit de l'antichrist cherche à atteindre de nombreux croyants afin qu'ils soient la proie de la séduction et se détournent de l'Evangile.

Nous avons dit précédemment que le fait que l'Antichrist ne soit pas encore apparu sur la scène mondiale a pour cause la présence agissante du Saint-Esprit qui le restreint, le limite mais quand il sera ôté, l'Antichrist se révèlera dans sa pleine puissance.

Toutefois, au terme de sept années, lors de son glorieux retour, le Seigneur le détruira par le souffle de sa bouche et l'écrasera par l'éclat de son avènement (2 Thessaloniciens 2/8).

I – Il y a un antichrist et il y a un esprit d'antichrist

Il convient de toujours nous souvenir que Jésus est le Christ, c'est-à dire le " oint ". C'est ainsi qu'Esaïe 61 le présente prophétiquement et son Esprit demeure en nous qui croyons en son œuvre expiatoire.

Galates 4/6 " **Et parce que vous êtes des fils, Dieu a envoyé dans nos cœurs l'Esprit de son Fils, qui crie : Abba ! Père !** "

En fait, il existe un autre esprit que celui de Christ dans le monde : l'esprit de l'antichrist. Cet esprit possède les chrétiens apostats qui ont renié le Maître.

Cet esprit est à l'œuvre depuis l'antiquité, puisque l'apôtre Jean a pu constater son existence : " **et tout esprit qui ne confesse pas Jésus, n'est pas de Dieu, c'est celui de l'antichrist, dont vous avez appris qu'il vient, et qui maintenant est déjà dans le monde. 4 ¶ Vous, petits enfants, vous êtes de Dieu, et vous avez vaincu les faux prophètes, car celui qui est en vous est plus grand que celui qui est dans le monde. 5 Eux, ils sont du monde ; c'est pourquoi leurs paroles viennent du monde, et le monde les écoute. 6 Nous, nous sommes de Dieu ; celui qui connaît Dieu nous écoute ; celui qui n'est pas de Dieu ne nous écoute pas : c'est par là que nous reconnaissons l'Esprit de la vérité et l'esprit de l'erreur** " (1 Jean 4 /3-6).

Remarquez que Jean relie l'existence de cet esprit avec la présence de faux prophètes qui prêchent selon les envies de ce monde. Nous devons donc prêter garde afin de discerner l'Esprit de la vérité et l'esprit de l'erreur.

Jean incitait donc le Peuple de Dieu à demeurer réveillé spirituellement et à maintenir le feu spirituel afin qu'un feu étranger ne vienne s'installer progressivement dans l'Eglise. Lui et d'autres devaient prêcher concernant ce sujet afin de mettre en garde les croyants.

En fait, l'esprit de l'antichrist est à l'œuvre subtilement depuis le départ, de façon insidieuse, il a suscité des faux docteurs et des faux prophètes déjà à l'époque de Jean, afin d'amener la contradiction en face des affirmations des apôtres. Son but : saper les fondations de l'Eglise, la doctrine des apôtres et des prophètes.
Il vient aussi subtilement distiller la tiédeur dans le cœur des croyants ou bien la froideur et l'indifférence glaciale émanant d'un manque d'amour, d'un cœur froid ou d'un cœur partagé.

En définitive, l'esprit de l'antichrist, tel le précurseur Jean le baptiste qui a préparé le chemin pour Jésus, prépare quant à lui le terrain des cœurs pour l'apparition de l'homme de péché. Celui-ci se révèlera ainsi à un monde déjà préparé pour lui, à des cœurs qui lui appartiennent déjà.

On reconnaît là la manière dont Satan singe Dieu dans sa méthode pour gagner les cœurs.

Nous voyons s'accroître de plus en plus intensément un sentiment antichrist, une conduite et un comportement qui correspond. Ce courant va devenir un fleuve et hélas, bien des gens considérés comme chrétiens sont en train de lui ouvrir leur cœur et deviennent ses âmes sœurs.

Ezéchiel 47 parle d'un fleuve de la Vie de Dieu où la vie grouille, il y a la croissance, le développement. Il s'agit du fleuve dans lequel Dieu veut nous entraîner et nous faire évoluer, la lagune étant réservée à la stérilité et à la désolation.
Satan a imité pour le mal ce fleuve en suscitant un fleuve impur de séduction destiné à se répandre et à atteindre l'Eglise de Jésus-Christ.

Apocalypse 12/15 " **De sa gueule, le serpent lança de l'eau comme un fleuve derrière la femme, afin de la faire entraîner par le fleuve** " (Segond Révisée)
" **De sa bouche, le serpent vomit de l'eau comme un fleuve derrière la femme pour que le fleuve l'emporte** " (NEG)

Comme beaucoup de textes prophétiques, je crois que celui-ci a plusieurs sens et conséquences dans sa réalisation prophétique. En tous les cas, il est très explicite, le désir du serpent est d'atteindre la femme avec son eau impure – comme un fleuve.

Jean a écrit : " **N'aimez pas le monde, ni ce qui est dans le monde. Si quelqu'un aime le monde, l'amour du Père n'est pas en lui ; 16 car tout ce qui est dans le monde, la convoitise de la chair, la convoitise des yeux et l'orgueil de la vie, ne** vient pas du Père, mais vient du monde. 17 Et le monde passe, et sa convoitise aussi ; mais celui qui fait la volonté de Dieu demeure éternellement. 18 ¶ Jeunes enfants, c'est l'heure dernière ; comme vous avez entendu qu'un antichrist venait, voici qu'il y a maintenant <u>plusieurs antichrists</u> : par là nous reconnaissons que c'est l'heure dernière. " (1 Jean 2/15-18)

Jean nous apprend que nous devons vivre dans la sainteté, c'est-à dire la séparation par rapport au monde et à ce qui l'anime : convoitise de la chair, convoitise des yeux et orgueil de la vie. L'esprit de l'antichrist est à l'œuvre pour exacerber ces tendances charnelles et les porter à un point culminant au niveau des sociétés humaines. Plusieurs antichrists l'y aident bien.

" **Où trouverons–nous donc le mensonge et l'erreur ? Là où l'on nie que Jésus soit le Christ, l'Oint de Dieu. Tout homme qui refuse de reconnaître le Père et le Fils est un « Anti–Christ** ". (1 Jean 2/22 - Parole Vivante)

Jean nous montre que notre vie doit être placée sous la seigneurie de Christ Jésus et de Notre Père Céleste, avec qui nous devons être en communion :
" **C'est pourquoi, gardez soigneusement dans vos cœurs l'enseignement que vous avez reçu dès le début. Si ce que vous avez entendu dès le commencement demeure en vous, vous resterez aussi en communion avec le Fils et avec le Père, 25 et vous serez au bénéfice de la promesse que Jésus lui–même nous a faite : vous aurez la vie éternelle. 26 Voilà ce que je tenais à vous écrire pour vous mettre en garde contre ceux qui essaient de vous égarer. 27 Rappelez–vous que vous avez reçu du Seigneur la marque (de l'Esprit) qui demeure en vous. Vous n'avez donc pas besoin que des « instructeurs » particuliers viennent vous instruire. Son Esprit qui vous a marqués vous enseigne tout ce que vous avez besoin de savoir. Et il vous enseigne la vérité, jamais l'erreur. Obéissez donc à ses enseignements et demeurez en communion avec lui. 28 ¶ Oui, mes enfants, restez unis au Seigneur pour qu'au moment où il paraîtra, nous soyons remplis d'une joyeuse assurance et que nous n'ayons pas à nous cacher devant lui lors de son Avènement. 29 Vous savez que le Seigneur fait ce qui est juste ; reconnaissez, par conséquent, que tout homme qui accomplit ce qui est juste est un enfant de Dieu, né de lui.** " (1 Jean 2/24-29 – Parole Vivante).

On peut servir Dieu avec un cœur partagé et donc être à 50 % pour Lui, c'est renier complètement le salut. C'est aller contre le premier commandement, qui nous dit " **Tu aimeras le Seigneur de tout ton cœur, de toute ton âme et de toute ta force** " (Deutéronome 6/5).

Il n'est évidemment pas suffisant de dire " Je crois que Jésus était Dieu en chair " mais il faut plutôt incarner cette vérité par notre vie et dire : "Seigneur, tu es Dieu en chair en moi. Tu as tout pouvoir et autorité sur la convoitise et le péché et je me soumets à toi entièrement ! "

Avoir un cœur partagé, c'est frayer un chemin à l'esprit de l'antichrist pour qu'il empiète sur notre liberté. Pensons à Judas !

II – **Les premières cibles de l'esprit de l'antichrist**

Les croyants qui marchent avec le Seigneur fidèlement et dans la droiture, qui l'adorent en esprit et en vérité sont les premières cibles de l'esprit de l'antichrist.
Paul présente une caractéristique principale de l'esprit de l'antichrist et de sa tendance naturelle :
" **l'adversaire qui s'élève au–dessus de tout ce qu'on appelle Dieu ou qu'on adore, et qui va jusqu'à <u>s'asseoir dans le temple de Dieu</u> et <u>se faire passer lui– même pour Dieu</u>** " (2 Thessaloniciens 2/4).
Ce texte est très important et va bien plus loin que ce qui se passera littéralement dans le temple de Jérusalem.

Il nous indique que l'esprit de l'antichrist est opposé au règne de Dieu et de son Christ sur le cœur des hommes et, en particulier, des croyants. Il veut que l'adoration lui revienne de droit. Il ne supporte pas la louange et l'adoration donnée à un autre que lui bien que Celui que nous adorons en soit parfaitement digne.
Aussi, il s'oppose à tous ceux qui marchent tout près de Dieu, il harcèle les vrais adorateurs parce qu'il veut l'adoration pour Lui.

Ce thème est largement traité par T.A Sparks dans son ouvrage "l'adoration, enjeu suprême de l'univers".

Satan veut détruire l'adoration pure et voler à Dieu toute louange. C'est pour cela qu'il allume des feux étrangers sur la base desquels des croyants ou des mouvements chrétiens viennent adorer, ne sachant pas qu'ils ne sont plus sur des bases bibliques mais que l'esprit de l'antichrist a captivé leur cœur au travers de manifestations surnaturelles ou sensationnelles voire émotionnelles.

Il n'aime pas ceux qui sont engagés à 100 % pour Jésus, il préfère ceux qui se contentent d'assister au culte sans plus s'engager que cela et qui dorment dans un doux ronronnement routinier. Ce sont ceux qui n'ont pas compris que la vie chrétienne est une course et une cause suprême et non une petite promenade tranquille. Par contre, il attaque les vrais adorateurs par la crainte, le doute et la convoitise.

Ceci dit, son esprit d'anarchie est restreint par le Saint-Esprit :
" **Et maintenant vous savez bien ce qui le retient, pour qu'il ne se révèle qu'en son temps** " (2 Thessaloniciens 2/6).

C'est la puissance du Saint-Esprit en vous et moi et dans son Eglise qui retient l'anarchie de l'ennemi. En fait, si Dieu ôtait son Esprit des croyants et des Eglises embrasés, nos pays deviendraient des enfers terribles.

Face à l'esprit de l'antichrist, les chrétiens négligents et paresseux, ceux qui n'ont jamais délaissé leur péché, ceux qui sont toujours absorbés par les choses de ce monde – ne seront pas capables de tenir. Ils seront dépassés par le mal.

Pierre en apporte une description bien spécifique :

" **Ce sont des fontaines sans eau, des nuages que chasse la tempête ; l'obscurité des ténèbres leur est réservée…En effet, si après s'être retirés des souillures du monde par la connaissance du Seigneur et Sauveur Jésus–Christ, ils s'y engagent de nouveau et sont vaincus par elles, leur dernière condition est pire que la première. 21 Car mieux valait, pour eux, n'avoir pas connu la voie de la justice, que de l'avoir connue et de se détourner du saint commandement qui leur avait été donné. 22 Il leur est arrivé ce que dit le proverbe véridique : Le chien est retourné à son vomissement. et la truie à peine lavée va se vautrer dans le bourbier.** " (2 Pierre 2/17,20-22).

Les gens décrits ici sont des gens qui ont goûté à la lumière de l'Evangile, qui ont connu le Seigneur et ont même été purifiés, délivrés par la puissance de Dieu de leurs péchés. Ils ont connu la voie de la justice puis ils se sont finalement engagés à nouveau dans la voie du péché, vaincus par l'esprit de l'antichrist.

Pierre ne parle donc pas d'incrédules dans ce texte. Après tout, quelqu'un qui n'a pas la foi ne peut s'en détourner et encore moins faire naufrage quant à la foi. Aussi, il est question ici de chrétiens apostats, c'est-à dire de gens qui trahissent le Seigneur et sa cause, qui abandonnent la foi dans la Parole de Dieu et se laissent à nouveau asservir par le péché et tombent dans une condition pire qu'auparavant.

En fait, ces croyants au cœur partagé, non seulement se sont détournés du Seigneur et " **le chien est retourné à son vomissement, et la truie lavée va se vautrer dans son bourbier** " mais il y a plus, ils sont tombés entre les mains de l'esprit de l'antichrist, qui les a conquis. Pierre dit " **ils ont été vaincus** ".

Considérons maintenant un autre aspect soulevé par l'apôtre Paul, à savoir le fait que l'esprit de l'antichrist a pris place dans le temple :
" **qui va jusqu'à <u>s'asseoir dans le temple de Dieu</u> et se faire passer lui–même pour Dieu** " (2 Thessaloniciens 2/4).

Loin de Jérusalem et de son temple, comme je l'ai déjà dit précédemment, existe une autre réalité : l'esprit de l'antichrist est déjà en train de monter sur son trône : le temple des cœurs des gens et, en particulier, de chrétiens éclairés qui se laissent séduire.

La Bible dit : " **Ne savez–vous pas que vous êtes le temple de Dieu, et que l'Esprit de Dieu habite en vous ?** " (1 Corinthiens 3/16)

" **Ne savez–vous pas ceci : votre corps est le temple du Saint–Esprit qui est en vous et que vous avez reçu de Dieu, et vous n'êtes pas à vous–mêmes ?** " (1 Corinthiens 6/19).

" **Car nous sommes le temple du Dieu vivant, comme Dieu l'a dit : J'habiterai et je marcherai au milieu d'eux ; Je serai leur Dieu, et ils seront mon peuple.** " (2 Corinthiens 6/16)

Nous distinguons bien que ce thème est récurrent dans la Parole de Dieu et sous la plume de l'apôtre Paul. Dieu a choisi d'habiter en nous et notre corps est le temple de son Esprit. Notre cœur doit devenir son Trône, il doit y être assis pour régner et ainsi maîtriser notre esprit, notre âme et notre corps, ce qui répond à cette aspiration de Paul :

1 Thessaloniciens 5/23 : " **Que le Dieu de paix lui–même vous rende purs et entièrement consacrés à lui ! Que tout votre être, l'esprit, l'âme et le corps, soit conservé dans son intégrité et dans la pureté, afin que vous paraissiez nets et irréprochables lorsque notre Seigneur Jésus–Christ reviendra.** " (Parole Vivante).

Oui, nous sommes donc le temple de Dieu mais un autre esprit a envahi le temple du cœur de certaines personnes. L'Esprit de Dieu s'en est allé – et la convoitise, l'orgueil, l'avidité et la calomnie règnent en maîtres. Il n'existe déjà plus rien de pur, de saint et de divin et même certains ne construisent plus avec des matériaux purs mais avec des matériaux vils. Un mystérieux esprit d'anarchie les contrôle.
Comment est-il possible que cela arrive chez des personnes dont le cœur a été gouverné par le Seigneur, dans un temple qui a appartenu à Jésus et dans lequel il a pu régner ?

La cause principale en est la négligence. L'absence de marche dans la sainteté et dans la justice, dans l'humilité, le manque de sérieux dans l'engagement. Une vie en bâton de chaises, une marche avec un cœur partagé.

Pensons à Samson. Il a fini par perdre l'Esprit de Dieu à force d'avoir joué avec sa consécration. Nous courons le même danger si nous ne faisons pas preuve de sérieux et si la crainte de l'Eternel ne s'empare pas de nous, une sainte révérence envers notre Dieu.

Michée 6/8 " **On t'a fait connaître, ô homme, ce qui est bien ; Et ce que l'Éternel demande de toi, C'est que tu pratiques le droit, Que tu aimes la loyauté, Et que tu marches humblement avec ton Dieu.** "

Une telle attitude fraye une voie à l'esprit de l'antichrist qui est un esprit d'anarchie (ce qui signifie selon l'étymologie grecque l'absence de commandement, l'absence de poste de commandement ou de contrôle, l'absence de gouvernement). Si le cœur est partagé, il n'est pas gouverné par Christ et la nature a horreur du vide. Le diable se plaît dans le chaos et la confusion et s'il les trouve dans un cœur, il est ravi.

Une fois cette voie frayée par une attitude de cœur ingouvernable, l'esprit de l'antichrist s'assied dans le temple du cœur d'une telle personne et démontre ainsi qu'il en a le contrôle.
C'est ce qui se passe dans les mouvements, les dénominations et chez les individus chez qui il n'y a plus de place pour l'esprit de la croix, pour le brisement intérieur, le renoncement à soi, la repentance et la préparation pour la 1ère phase du Retour de Jésus : l'Enlèvement de l'Eglise.

III – Il y a toujours quelqu'un sur le trône de chaque cœur

Tous ont actuellement quelqu'un qui trône sur le temple de leur cœur, ou bien c'est l'Esprit de Christ ou bien c'est l'esprit de l'antichrist.
L'esprit de l'antichrist utilise tous les moyens inimaginables pour obscurcir la pensée et l'intelligence des gens : productions télévisées abrutissantes, vulgaires, la promotion du divertissement de mauvais goût contre la culture et ce qui est pur.

Je lisais récemment une interview de deux animateurs qui se vantaient de ce qu'ils avaient réussi à briser " les phrases de 10 mn d'un membre éminent de l'Académie Française ". Or, ils abreuvent à longueur d'émissions leurs téléspectateurs de blagues " à deux sous " qui, bien souvent, ne vont pas au-delà de la ceinture et les gens raffolent de ce type d'émissions qui alimentent l'audimat. Combien de femmes du 3ème âge et de ménagères sont abruties par des séries interminables à l'eau de rose ?

Tout est préfabriqué et inspiré pour n'entraîner aucune réflexion de fond et, en général, les émissions intéressantes sont diffusées très tard quand tout le monde ou presque dort. C'est en tout cas la réalité socioculturelle de beaucoup de pays européens.
De plus en plus, des publicités présentant un caractère érotique ou bien la présentation de publicités concernant les préservatifs sont diffusées à heure de grande écoute. La violence, l'impudicité, la pornographie anesthésient l'indignation que ces éléments devraient susciter.

L'esprit de l'antichrist vise les yeux car l'œil est le portail du cœur et il corrompt les yeux de beaucoup de gens, il les fatigue à ce niveau afin de s'emparer du trône de leur cœur.

" **Si ton œil droit est pour toi une occasion de chute, arrache–le et jette–le loin de toi. Car il est avantageux pour toi qu'un seul de tes membres périsse et que ton corps entier ne soit pas jeté dans la géhenne.** " (Matthieu 5 /29).

" **L'œil est la lampe du corps. Si ton œil est en bon état, tout ton corps sera illuminé, 23 mais si ton œil est en mauvais état, tout ton corps sera dans les ténèbres. Si donc la lumière qui est en toi est ténèbres, combien seront grandes les ténèbres ! 24 Nul ne peut servir deux maîtres ; car ou il haïra l'un et aimera l'autre, ou il s'attachera à l'un et méprisera l'autre. Vous ne pouvez servir Dieu et Mamon.** " (Matthieu 6/22-24).

Si nous ne voulons pas tomber en tentation, il convient d'obéir aux avertissements de Jésus qui ne sont pas là pour meubler notre Bible mais pour nous prévenir de risques à venir :

" **Veillez et priez afin de ne pas tomber au pouvoir de la tentation. L'esprit est plein d'ardeur, mais la chair est faible**" (Marc 14/38).

Cette attitude de vigilance doit caractériser le disciple car il ne peut faire confiance à son cœur, qui est tortueux par-dessus tout.
" **Garde ton cœur plus que tout ce que l'on garde, car de lui sont les issues de la vie.** " (Proverbes 4/23).

L'esprit de l'antichrist est occupé à pervertir les institutions : écoles, justice, foyer, affaires. En France, on commence à passer outre l'éducation personnelle des parents pour enseigner aux enfants une éducation sexuelle présentant l'homosexualité comme une voie possible, au mépris des convictions qui peuvent les animer.

Au niveau de la justice, lorsque l'on voit les peines légères infligées à quelqu'un qui tue une personne et les peines lourdes parfois infligées pour des motifs moins importants, il y a de quoi se poser des questions, sans compter la non-application de bon nombre de lois et l'existence de zones de non-droit.

Au niveau de certaines églises même évangéliques, on prêche une prédication à l'eau de rose (grâce, miséricorde) dénuée de la nécessité de la repentance et du pardon des péchés, le culte d'adoration devient parfois un spectacle et le facteur dominant est la musique ou le théâtre. On ne se préoccupe plus de gagner des âmes.

L'Esprit de Dieu enseigne le chrétien fidèle et le conduit dans toute la vérité mais l'esprit de l'antichrist enseigne aux chrétiens au cœur partagé qu'ils peuvent boire à deux coupes : la coupe du Seigneur et la coupe des démons.

Or, que dit la Bible ?

" **Mais ce qu'on sacrifie, on le sacrifie à des démons et non à Dieu ; or je ne veux pas que vous soyez en communion avec les démons. 21 Vous ne pouvez boire la coupe du Seigneur et la coupe des démons ; vous ne pouvez avoir part à la table du Seigneur et à la table des démons.** " (1 Corinthiens 10/20-21).
La sainte cène n'est pas ici seule en cause mais la vie toute entière du chrétien. On ne peut vouer sa vie au péché tout en prétendant être dans la communion avec le Seigneur. Il nous faut choisir ! Dieu a horreur de la tiédeur.

" **Je connais tes œuvres : tu n'es ni froid ni bouillant. Si seulement tu étais froid ou bouillant ! 16 Ainsi, parce que tu es tiède et que tu n'es ni froid ni bouillant, je vais te vomir de ma bouche.** " (Apocalypse 3/15-16). Voilà ce que dit le Seigneur aux croyants de l'église de Laodicée.

" **Mais si nous marchons dans la lumière, comme il est lui-même dans la lumière, nous sommes en communion les uns avec les autres, et le sang de Jésus son Fils nous purifie de tout péché** " (1 Jean 1/7).

" **Marchons honnêtement, comme en plein jour, sans excès de table ni de boisson, sans luxure ni dérèglement, sans discorde ni jalousie** " (Romains 13/13).

IV – Ce qui fait que l'esprit de l'antichrist peut vaincre un chrétien : le manque d'amour pour la vérité

2 Thessaloniciens 2/10 " **et avec toutes les séductions de l'injustice pour ceux qui périssent, parce <u>qu'ils n'ont pas reçu l'amour de la vérité</u> pour être sauvés** ".

L'esprit de l'antichrist agit là où la vérité de Dieu n'est plus appréciée ni aimée et là où on ne se l'approprie plus, là où on ne la proclame plus parce qu'on n'étudie plus la Parole de Dieu, on n'approfondit plus ce que l'on croit, on ne plonge plus dans ses racines, on préfère vivre d'émotions et de sentiments.

" **afin que soient jugés ceux qui n'ont pas cru à la vérité, mais qui ont pris plaisir à l'injustice** " (2 Thessaloniciens 2/12).

Ailleurs dans la Bible, le prophète Jérémie a écrit :

" **Parcourez les rues de Jérusalem, Regardez, informez-vous, Cherchez sur les places, S'il s'y trouve un homme, S'il y en a un Qui mette le droit en pratique, Qui recherche la fidélité Et je pardonne à Jérusalem. 2 Même quand ils disent : L'Éternel est vivant ! En fait c'est faussement qu'ils jurent. 3 Éternel, tes yeux ne (cherchent-ils) pas la fidélité ? Tu les as frappés, Et ils n'en souffrent pas ; Tu les as consumés, Et ils ont refusé de recevoir la leçon ; Ils ont durci leur visage plus qu'un roc. Ils ont refusé de se convertir.** " (Jérémie 5/1-3).

Il existe 3 manières de déterminer si nous avons l'amour de la vérité dans notre cœur :

a/ Le premier signe de perte de l'amour pour la vérité : abandon du rassemblement avec d'autres croyants

Si c'est une corvée pour nous que de nous rendre à l'église, si nous ne ressentons pas l'envie d'appartenir à une église ou bien si nous nous targuons d'avoir une nouvelle vision des choses dans ce domaine, alors nous avons certainement perdu l'amour de la vérité de Dieu :

" **Ne prenons pas, comme certains, l'habitude de délaisser nos réunions. Au contraire, soutenons-nous mutuellement et encourageons-nous dans la foi, d'autant plus sérieusement que vous voyez se rapprocher le grand Jour du retour du Seigneur. 26 Si, après avoir connu et accepté la vérité, nous l'abandonnons délibérément pour continuer à pécher, il n'existe plus de sacrifice pour effacer ce péché.** "(Hébreux 10/25-26 –Parole Vivante).

Quand on ne cherche plus à être dans la maison de Dieu avec son peuple, quand les prédications nous semblent ennuyeuses et que nous devenons sourd à ce qui est dit, quand l'adoration ne nous importe plus, c'est une occasion d'ouverture de notre cœur à l'esprit de l'antichrist, le terrain fertile qu'il attend.

Si quelqu'un attend au lieu de revenir à Christ, plus il prolonge cette attente et plus il se place en position de difficulté supplémentaire pour revenir.

Revenez à Christ tant qu'il est temps ! Courez vers Lui malgré les difficultés.
Jésus a dit : " **Tout ce que le Père me donne viendra à moi, et je ne jetterai point dehors celui qui vient à moi** " (Jean 6/37).

Les temps deviennent difficiles, aussi ne faut-il pas tarder pour répondre à l'appel de Christ :

" **Voici : je me tiens à la porte et je frappe. Si quelqu'un entend ma voix et ouvre la porte, j'entrerai chez lui, je souperai avec lui et lui avec moi.** " (Apocalypse 3/20). Ouvrez la porte de vos cœurs ! Un renouveau dans la communion avec le Seigneur en dépend !

" **Mais j'ai contre toi que tu as abandonné ton premier amour. 5 Souviens-toi donc d'où tu es tombé, repens-toi et pratique tes premières œuvres, sinon je viendrai à toi et j'écarterai ton chandelier de sa place, à moins que tu ne te repentes** " (Apocalypse 2/4).

b/ Un deuxième signe de perte de l'amour pour la vérité : le fait que des messages de réprimande nous font penser au péché d'autrui mais jamais au nôtre

Il est des gens qui sont devenus spécialistes pour pointer du doigt le péché d'autrui mais ne pas voir que Dieu est en train de leur parler.

" **— Ne vous posez pas en juges d'autrui, pour ne pas être mis vous–mêmes en jugement. 2 Car Dieu vous jugera vous–mêmes de la manière dont vous aurez jugé votre prochain, et il vous appliquera la mesure dont vous vous serez servis pour le mesurer. 3 Pourquoi concentres–tu tes regards sur le grain de sciure que tu as remarqué dans l'œil de ton frère alors que tu ne te rends pas compte qu'il y a une grosse poutre dans le tien ? 4 Comment oses–tu dire à ton frère : Cher frère, viens que je t'enlève cette sciure dans ton œil, quand tu ne remarques même pas la poutre qui est dans le tien ? 5 Hypocrite, va ! Commence donc par retirer la poutre de ton œil, alors tu y verras assez clair pour ôter la sciure de l'œil de ton frère.** " (Matthieu 7/1-5 –Parole Vivante).

Le problème reste toujours notre vision, si elle est altérée par l'endormissement et par le péché, elle ne voit plus distinctement ce qu'elle devrait discerner.

c/ Un troisième signe de la perte de l'amour pour la vérité : le fait que les reproches nous mettent en colère au lieu de nous humilier

Dieu nous montre que la haine de la réprimande révèle souvent l'abandon de la voie de la sainteté :

" **Une dure leçon attend celui qui s'écarte du droit chemin ; celui qui déteste être repris périra** " (Proverbes 15/10 – Version Le Semeur).

Ce fut le cas de plusieurs qui suivaient Jésus et qui ont dit : " **Après l'avoir entendu, plusieurs de ses disciples dirent : Cette parole est dure, qui peut l'écouter ?... Dès lors, plusieurs de ses disciples se retirèrent en arrière et cessèrent d'aller avec lui.** " (Jean 6/60,66).

Sachez qu'un pasteur qui se conduit comme un bon berger prêchera avec une sainte colère contre le péché et la négligence spirituelle, contre l'endormissement et la mort spirituelle, contre le diable et contre l'esprit de l'antichrist, contre tout ce qui amène une âme loin de la vraie adoration du Père !

Ecoutez de tels frères, qui ont véritablement le souci du troupeau que Dieu a placé sous leur surveillance.

V – <u>Ce qui fait que l'esprit de l'antichrist peut vaincre un chrétien : l'amour du plaisir</u>

" **Ainsi le jugement viendra sur tous ceux qui auront refusé de croire à la vérité et auront pactisé avec le mal ; au lieu de placer leur confiance en Celui qui est la Vérité, ils ont délibérément pris parti pour l'injustice et se sont complus en elles, aussi seront–ils condamnés.**" (2 Thessaloniciens 2/12 – Parole Vivante).

Paul évoque la folie des plaisirs, il ne parle pas seulement ici des stars de la Jet Set, des foules en colère, des prostituées, des drogués, ni des fêtards. Non, Paul parle de ceux qui, dans les derniers temps, recherchent des plaisirs à l'intérieur de l'Eglise !
Il avertit ailleurs :

" **Sache que, dans les derniers jours, il y aura des temps difficiles. 2 Car les hommes seront égoïstes, amis de l'argent, fanfarons, hautains, blasphémateurs, rebelles à leurs parents, ingrats, irréligieux, 3 insensibles, déloyaux, calomniateurs, intempérants, cruels, ennemis des gens de bien, 4 traîtres, emportés, enflés d'orgueil, <u>aimant le plaisir plus que Dieu</u>** " (2 Timothée 3/1-4- Version NEG).

Est-il possible qu'il y ait des blasphémateurs au sein de nos églises ? Des gens déloyaux, des traîtres ?
Oui, c'est chose possible. En utilisant l'expression " aimant le plaisir plus que Dieu ", Paul affirme que ces gens ont une certaine notion voire une mesure de l'amour de Dieu. Or, cet amour est vaincu et contaminé par l'amour des plaisirs du monde, la poursuite des plaisirs de l'injustice.

VI – <u>Dieu se constitue partout sur cette terre un reste saint</u>

La notion de reste, résidu saint est quelque chose qui revient souvent dans la Bible, on parle de théologie du reste. Cela est valable pour le peuple d'Israël comme pour l'Eglise de la fin des temps.
Dieu s'est toujours constitué un reste saint sur la terre :
-lors du Déluge,
-après Babel,
- la Création d'un peuple à part, Israël, appelé à être un peuple témoin sur terre,
- au sein d'Israël même, Dieu a dû opérer un tri et se constituer un reste fidèle.

Au cours de l'histoire du christianisme, dès l'apparition d'une église mondaine, un reste saint s'est distingué, plus ou moins nombreux face à une institution ecclésiale devenue multitudiniste, l'église catholique.

Durant des siècles, ce reste a subsisté, éclairé par la lumière de l'Evangile, puis ce fut la Réforme, qui constitua en ce temps un nouveau reste pour le Seigneur en des temps fortement troublés et périlleux.

Actuellement, ce reste est établi selon le filtre ou critère de la fidélité à la sainte Parole de Dieu et la saine doctrine qui en découle et selon le filtre d'une marche dans la sainteté, c'est-à dire une marche agréable au Seigneur.

" **Que celui qui commet le mal, persiste dans ses injustices. Que celui qui aime la saleté, continue à se salir ; mais que l'homme de bien persévère aussi dans ses bonnes actions, et que celui qui s'est consacré à Dieu reste fidèle à cette consécration et continue à vivre pour lui** " (Apocalypse 22/11 – Parole Vivante).

Dans l'époque où nous vivons, la manière dont nous marchons avec Dieu et dont nous nous comportons est déterminante. C'est le filtre par lequel Dieu déclare qui sont ceux qui lui appartiennent.

Récemment, quelqu'un venu assister à un culte me demandait sur un ton narquois et provocateur : " Comment reconnaîtra-t-on le Fils de l'Homme lorsqu'il reviendra " ? La manière dont était posée la question sentait déjà mauvais. Je dis à cet homme qui connaissait le message de l'évangile : " ne vous inquiétez pas de savoir si vous reconnaîtrez le Seigneur, mais souciez-vous plutôt de savoir si Lui vous reconnaîtra ".

En effet, il est écrit :
" **Néanmoins, le solide fondement posé par Dieu subsiste, avec ces paroles qui lui servent de sceau : Le Seigneur connaît ceux qui lui appartiennent ; et : Quiconque prononce le nom du Seigneur, qu'il s'éloigne de l'iniquité.** " (2 Timothée 2/19 Version NEG).

De plus, Jésus a dit lui-même :

" **– Pour entrer dans le royaume des cieux, il ne suffit pas de me dire : « Seigneur ! Seigneur ! » Il faut accomplir la volonté de mon Père céleste. 22 Au jour du jugement, nombreux sont ceux qui me diront : « Seigneur ! Seigneur ! Nous avons prophétisé en ton nom, nous avons chassé des démons en ton nom, nous avons fait beaucoup de miracles en ton nom. » 23 Je leur déclarerai alors : « <u>Je ne vous ai jamais connus !</u> Allez–vous–en, vous qui pratiquez le mal !** " (Matthieu 7/21-23).
L'essentiel est donc surtout de savoir si nous sommes connus au Ciel.

Dieu a un dessein extraordinaire pour ceux qu'il a connus :
" **Car ceux qu'il a connus d'avance, il les a aussi prédestinés à être semblables à l'image de son Fils, afin qu'il soit le premier–né d'un grand nombre de frères** " (Romains 8/19).

Dans ces temps difficiles, le Seigneur veut lever une armée fidèle, un reste saint qui combat l'esprit de l'antichrist et tient ferme dans l'adversité.

Paul réalisait dans sa prière quelle victoire attendait un tel peuple, se conformant à la Parole de Dieu :

" **Quant à nous, frères bien-aimés par le Seigneur, nous devons continuellement rendre grâces à Dieu à votre sujet, car Dieu vous a choisis dès le commencement pour le salut, par la sanctification de l'Esprit et par la foi en la vérité. 14 C'est à cela aussi qu'il vous a appelés par notre Évangile, pour que vous possédiez la gloire de notre Seigneur Jésus–Christ. 15 Ainsi donc, frères, demeurez fermes et retenez les instructions que nous vous avons transmises, soit de vive voix, soit par lettre. 16 ¶ Que notre Seigneur Jésus–Christ lui–même et Dieu notre Père, qui nous a aimés et nous a donné par sa grâce une consolation éternelle et une bonne espérance, 17 consolent vos cœurs et vous affermissent en toute œuvre et parole qui soient bonnes.** " (2 Thessaloniciens 2/13-17).

Le reste saint que Dieu constitue aime la vérité, n'est pas effrayé par les réprimandes du Seigneur, s'examine à la lumière des Saintes Ecritures.
" **Ta parole est une lampe à mes pieds Et une lumière sur mon sentier** " (Psaume 119/105).

Ce reste laisse la Parole le transpercer jusqu'à la moelle et ainsi, Dieu peut le sanctifier dans son esprit et sa pensée.

" **Car la parole de Dieu est vivante et efficace, plus acérée qu'aucune épée à double tranchant ; elle pénètre jusqu'à la division de l'âme et de l'esprit, des jointures et des moelles ; elle est juge des sentiments et des pensées du cœur.** "(Hébreux 4/12).

4EME VOLET : DES ATTAQUES ANTICHRIST CONTRE LA DOCTRINE DE L'ENLEVEMENT

La doctrine actuellement la plus décriée est la doctrine de l'Enlèvement de l'Eglise. Alors même que le Retour de Jésus, dans sa première phase, l'Enlèvement de l'Eglise sur les nuées du ciel, n'a jamais été aussi imminent, cette doctrine biblique pourtant clairement établie subit des attaques ciblées de plus en plus assassines et cruelles. En même temps, sur tous les continents, le Seigneur a suscité des serviteurs de Dieu qui défendent la saine doctrine et n'hésitent pas à dénoncer les faux docteurs et les séductions pseudo-spirituelles et à proclamer hautement et fièrement leur bienheureuse espérance : celle de l'Enlèvement des gens qui vivront au moment où le Seigneur reviendra chercher sa fiancée, l'Eglise.

La doctrine de l'Enlèvement n'a jamais été populaire, elle a toujours été controversée jusqu'à disparaître parfois de la prédication de l'Eglise des premiers temps ; l'église catholique elle-même n'enseigne pas cette doctrine tout comme certains groupes chrétiens évangéliques.

J'étais le voisin d'une chrétienne rwandaise dans l'avion qui nous ramenait à Bruxelles, quand je découvris en conversant avec elle, qu'elle n'avait pas été enseignée au sujet de la perspective de l'Enlèvement. Durant 2 heures, je lui ai dispensé l'enseignement biblique relatif à cette doctrine et elle était elle-même perplexe de n'avoir jamais été depuis, sa conversion, mise au courant de l'Enlèvement. Comme je ne crois pas au hasard car pour moi, le hasard, c'est Dieu qui passe, je suis convaincu qu'il a permis ce rendez-vous divin pour que cette femme soit enseignée.

Il est évident que Satan souhaite qu'existe une certaine apathie parmi le peuple de Dieu. Or, la doctrine de l'Enlèvement est quelque chose de stimulant pour la foi et l'espérance du Chrétien. La perspective de l'Enlèvement est d'abord source de consolation et d'espérance, de joie et d'enthousiasme, mais aussi source d'un désir de se sanctifier pour être prêt pour le Seigneur. L'Enlèvement est une doctrine qui engage à la responsabilité dans la vie du disciple.

Je ne souhaite pas trop m'étendre sur ce champ vaste, en particulier les recherches historiques sur le sujet, qui ont fait l'objet d'un certain nombre d'ouvrages dans le milieu chrétien, les plus richement documentés étant parus en langue anglaise.
Par contre, je m'évertuerai surtout à exposer l'affirmation biblique de l'Enlèvement et citerai quelques mouvements qui s'élèvent contre cette doctrine.

I – Eléments historiques relatifs à l'Enlèvement

Depuis toujours, la doctrine de l'Enlèvement de l'Eglise, enseignée par Paul dans 1 Thessaloniciens 4 principalement a essuyé de cruelles attaques.
Pourtant, l'épître de Paul est reconnue comme étant inspirée par le Saint-Esprit et donc authentique.
Les Pères de l'Eglise l'ont d'ailleurs cité fréquemment, que ce soit Irénée, Clément d'Alexandrie, Tertullien et Polycarpe.
L'Eglise primitive a enseigné cette doctrine jusqu'en 373, selon ce qu'indique un texte d'Ephraïm le Syriaque, un théologien byzantin qui proposait cette interprétation doctrinale.

Il écrivait : "*Car tous les saints et les élus de Dieu seront réunis, avant que vienne la Tribulation, et ils seront emmenés vers le Seigneur pour qu'ils ne voient pas la confusion qui obscurcira le monde à cause de nos péchés*".
Les détracteurs de la doctrine de l'Enlèvement ne ménagent d'ailleurs pas leur peine ni leurs efforts pour nier l'authenticité du texte d'Ephraïm. Or, ce livre fut cité par un théologien français en 1600, ce qui élimine toute suspicion concernant une création qui serait récente juste pour aller dans le sens de l'Enlèvement.

Ceci dit, ce sont des hommes comme John Nelson Darby, Cyrus Scofield, Mac Donald qui ont ramené cette doctrine à sa juste interprétation et valeur.
Au 3ème siècle, Victorien, évêque de Pettan, écrivit un commentaire sur Apocalypse 11, dans lequel cet homme de Dieu, mort pour sa foi en Christ en 304 sous l'empereur romain Dioclétien, a vu une période de 3 ans et demi, pendant laquelle deux Témoins exerceraient leur ministère, suivi d'une période similaire avec le règne de la Bête Antichrist, soit un total de 7 ans.

En commentant les fléaux de cette époque, qui devaient encore tomber sur ce monde, il dit : "Cela arrivera dans les derniers temps, quand l'Eglise aura été enlevée".
Tim Lahaye écrivait dans un livre sur l'Apocalypse : "*Sans discussion, l'évêque Victorien de Pettan, brillant docteur de la Bible qui vivait au 3° S, a vu que l'Eglise partirait avant les fléaux qui surviendraient durant le temps de la colère de Dieu qui, selon son commentaire sur Apocalypse 11, durerait 7 ans. Sa manière de décrire l'Enlèvement était « ils seront partis de la terre »*".

Durant l'obscurantisme moyenâgeux, l'église catholique a tenue captive la vérité en dérobant la lecture de la Bible aux gens. Lahaye dit : "*Ils ont enfermé de façon efficiente la Bible dans des musées et des monastères durant les 1 100 ans du Moyen-Age*".
Joseph Mede (1586-1638), bien avant John Nelson Darby et les frères de Plymouth, évoquait : "*La résurrection de ceux qui se sont endormis et l'enlèvement de ceux qui*

seront restés vivants ensemble avec eux dans les airs...". Tout cela juste avant la Réforme.

John Gill, célèbre théologien baptiste du 18ème siècle, a publié en 1748 son commentaire du Nouveau Testament. Au sujet de 1 Thessaloniciens 4/15-17, il écrivait : "*L'apôtre Paul a quelque chose de nouveau et d'extraordinaire à enseigner concernant la venue de Christ, la première résurrection des saints, la transformation des saints vivants et leur enlèvement, ensemble sur les nuées, pour rencontrer Christ dans les airs... Là Christ s'arrêtera et sera visible de tous. Mais pourtant, il ne descendra pas sur la terre car elle n'est pas prête pour le recevoir*".

Morgan Edwards : " *Les saints morts seront ressuscités et les saints vivants seront transformés au moment où Christ apparaîtra dans les airs (1 Thess 4/17) et cela arrivera environ 3 ans et demi avant le millénium, comme nous le verrons. Mais seront-ils, lui et eux, toujours dans les airs ? Non. Ils monteront au Paradis ou dans les nombreuses demeures de la Maison du Père et ainsi, ils disparaîtront durant la période de temps indiquée. La raison de ce retrait et de cette disparition sera le jugement des ressuscités et des saints transformés*".

A proprement parler, Edwards n'était pas pré-tribulationniste (enlèvement avant la Tribulation) mais mi-tribulationniste (enlèvement 3 ans et demi avant le Millénium, au cours de la 2ème phase des 7 ans de la Grande Tribulation) mais il a attesté à son époque la véracité de la doctrine de l'Enlèvement par sa foi en celle-ci.

II – La Bible parle de l'Enlèvement

La référence suprême étant la Parole de Dieu, la Bible, il nous faut nous tourner vers celle-ci pour y trouver exprimée cette merveilleuse doctrine.
L'apôtre Paul explicite cette doctrine dans l'épître aux Thessaloniciens.

" **Nous ne voulons pas, frères, que vous soyez dans l'ignorance au sujet de ceux qui dorment, afin que vous ne vous attristiez pas comme les autres qui n'ont pas d'espérance. En effet, si nous croyons que Jésus est mort et qu'il est ressuscité, (nous croyons aussi que) Dieu ramènera aussi par Jésus, et avec lui, ceux qui se sont endormis. Voici, en effet, ce que nous vous déclarons, d'après une parole du Seigneur : nous les vivants, restés pour l'avènement du Seigneur, nous ne devancerons pas ceux qui se sont endormis. Car le Seigneur lui–même, à un signal donné, à la voix d'un archange, au son de la trompette de Dieu, descendra du ciel, et les morts en Christ ressusciteront en premier lieu. 17 Ensuite, nous les vivants, qui serons restés, <u>nous serons enlevés ensemble avec eux dans les nuées</u>, à la rencontre du Seigneur dans les airs, et ainsi nous serons toujours avec le Seigneur**". (1 Thessaloniciens 4/15-17)

Je ne pense pas qu'il y ait besoin d'avoir un doctorat de théologie pour comprendre ce qui est dit au verset 17, c'est bien trop clair. N'importe qui peut comprendre ce dont il est question, même sans connaître le Seigneur.

A la lumière du verset 17, on peut donc dire qu'il est question d'un enlèvement à la rencontre du Seigneur et qu'il aura bien lieu, comme l'affirme l'apôtre Paul.

Par ailleurs, il est évident que bien des textes de la Bible ne peuvent recevoir d'explication en dehors de la doctrine de l'Enlèvement, à laquelle ils se trouvent liés. Voyons dans la Bible les textes les plus clairs qui évoquent l'Enlèvement.

" **Ensuite, nous les vivants, qui serons restés, <u>nous serons enlevés ensemble avec eux (</u>**les gens sauvés qui auront été ressuscités**<u>) dans les nuées</u>, à la rencontre du Seigneur dans les airs, et ainsi nous serons toujours avec le Seigneur**.

Même l'Ancien Testament enseigne l'Enlèvement puisque plusieurs figures de l'Ancien Testament, Hénoc et le prophète Elie ont connu ce phénomène, ils ont été enlevés à leur époque et ne sont plus jamais revenus sur terre.

Ils ont été en cela une préfiguration prophétique de l'Eglise qui doit être enlevée.

Genèse 5/24 " **Hénok marcha avec Dieu ; puis il ne fut plus, parce que Dieu l'enleva**".

Ce qui est arrivé à Hénoc arrivera de même à l'Eglise, elle sera soustraite à ce monde et disparaîtra de la vue de tous. Pourquoi Hénoc a-t-il été enlevé ? La Bible nous dit qu'il marchait avec Dieu.

Hébreux 11/5 dit : " **C'est par la foi qu'Hénoc <u>fut enlevé</u>, de sorte qu'il ne vit pas la mort ; et <u>on ne le trouva plus, parce que Dieu l'avait enlevé</u>. Car avant son enlèvement, <u>il a reçu le témoignage qu'il plaisait à Dieu</u>**".

L'Eglise que Jésus vient rechercher est aimable par Dieu en Lui, qui se l'est acquise par son propre sang (Actes 20/28). Ne doutons pas que tous ceux qui vivront encore au moment de son retour sur les nuées du Ciel, ce qui constitue la première phase de son retour, la 2ème phase devant se dérouler sur terre au moment où il posera ses pieds sur le mont des oliviers, s'ils sont de véritables disciples du Seigneur, qui marchent avec lui au quotidien, seront enlevés. Ils disparaîtront de la surface de la terre.

Jésus lui-même a affirmé cette évidence : " **Donc, si je m'en vais et vous prépare une place, je reviendrai et je vous prendrai avec moi, afin que là où je suis, vous y soyez aussi**" (Jean 14/3).

Le verbe grec pour "prendre", *paralambano*, signifie prendre avec soi, transporter, emmener, conduire.

Paul affirme aux chrétiens de l'église de Philippes : " **Pour nous, notre cité est dans les cieux ; de là nous attendons comme Sauveur le Seigneur Jésus–Christ, 21 qui transformera notre corps humilié, en le rendant semblable à son corps glorieux par le pouvoir efficace qu'il a de s'assujettir toutes choses**" (Philippiens 3/20-21).

Il est question d'une transformation du corps physique, lors de la venue du Seigneur, pour le rendre semblable à son corps glorieux ! Le terme employé ici est "*metaschematizo* ", qui signifie transformer, revêtir une autre forme.
Il écrira aux chrétiens de Colosses : " **Quand le Christ, votre vie, paraîtra, alors vous paraîtrez aussi avec lui dans la gloire**" (Colossiens 3/4).
Paul parle de transformation, transmutation en grec, du corps de notre humiliation. Cette transformation aura lieu dans l'atmosphère, alors que notre corps s'élèvera dans les airs à la rencontre du Seigneur.
L'apôtre Jean écrit aussi : " **Bien-aimés, nous sommes maintenant enfants de Dieu, et ce que nous serons n'a pas encore été manifesté ; mais nous savons que lorsqu'il sera manifesté, nous serons semblables à lui, parce que nous le verrons tel qu'il est. 3 Quiconque a cette espérance en lui se purifie, comme lui (le Seigneur) est pur**". (1 Jean 3/2-3).
Il y a là une connexion entre cette transformation à venir au contact du Seigneur Jésus et la sanctification. Celui qui est nourri de l'espérance de l'enlèvement a soif de sainteté pour plaire davantage au Seigneur comme la fiancée qui se pare pour l'époux.

L'apôtre Paul a même invité les Thessaloniciens à la sanctification, pour cette même raison :
" **Que le Dieu de paix vous sanctifie lui-même tout entiers ; que tout votre être, l'esprit, l'âme et le corps, soit conservé sans reproche à l'avènement de notre Seigneur Jésus-Christ !** " (1 Thessaloniciens 5/23).

Timothée reçoit aussi cette exhortation : " **Je te le recommande, devant Dieu qui donne la vie à tous les êtres, et devant le Christ-Jésus qui a rendu témoignage par sa belle confession devant Ponce-Pilate : 14 garde le commandement sans tache, sans reproche, jusqu'à l'apparition de notre Seigneur Jésus-Christ**" (1 Timothée 6/13-14).

Tous ces textes font donc référence à l'apparition du Seigneur pour enlever son Eglise, au moment fixé pour que celle-ci soit enlevée de la terre.

Le Retour de Jésus dit s'effectuer en 2 phases : la première consiste pour Lui à venir chercher ses rachetés, la seconde à revenir avec ses rachetés.

III – <u>Retour de Jésus et sémantique biblique</u>

Plusieurs termes sont employés dans la Bible pour désigner tantôt le Retour de Jésus dans sa première phase, l'Enlèvement, tantôt dans sa seconde phase : son avènement terrestre.
Le mot qui désigne le mieux l'enlèvement décrit le fait que Christ va venir chercher par surprise son Eglise en l'enlevant de cette terre et en l'emmenant au Ciel.

5 termes apparaissent dans le Nouveau Testament pour désigner le Retour de Jésus.

a/ La venue (*erchomai*)

Ce terme couvre les 2 phases du Retour du Seigneur (1 Corinthiens 4/5).

b/ L'avènement, la venue (*parousia*), qui désigne l'apparition, la présence, la venue du Seigneur (Matthieu 24/37).

c/ L'enlèvement (*harpazo*), uniquement utilisé pour parler du transfert des saints vers le Ciel, leur enlèvement sur les nuées du ciel.

d/ *epiphania*, qui désigne l'apparition, la manifestation, l'éclat, l'avènement du Seigneur (2 Timothée 1/10).

e/ La révélation (*apokalupsis*)

Ce terme ne fait référence qu'au retour terrestre de Jésus, son retour physique sur la terre pour sauver Israël, juger les nations et imposer son règne millénaire (1 Corinthiens 1/7).

Le terme harpazo, qui désigne l'enlèvement, est utilisé également en Jean 6/15, quand on a voulu s'emparer de Jésus pour le faire roi. " **Jésus, sachant qu'ils allaient venir l'enlever pour le faire roi, se retira de nouveau sur la montagne, lui seul**".
Le terme harpazo signifie saisir, enlever de force, saisir à la hâte, s'emparer vivement, ravir, réclamer ardemment pour soi-même, arracher.

Le même mot est employé pour désigner le fait que l'Esprit ait enlevé Philippe pour l'emmener dans le désert vers l'eunuque éthiopien (Actes 8/39), puis pour Paul ravi au Paradis (2 Corinthiens 12/2,4).

Ce verbe porte la connotation de l'exercice d'une force subite.

IV – <u>Avertissements du Seigneur Jésus quant à l'enlèvement</u>

1. <u>La parabole des 10 vierges</u>

Matthieu 25/1-13 : "**Alors le royaume des cieux sera semblable à dix vierges qui prirent leurs lampes pour aller à la rencontre de l'époux. Cinq d'entre elles étaient folles, et cinq sages. Les folles en prenant leurs lampes, ne prirent pas** d'huile avec elles ; mais les sages prirent, avec leurs lampes, de l'huile dans des vases. Comme l'époux tardait, toutes s'assoupirent et s'endormirent. Au milieu de la nuit, il y eut un cri : Voici l'époux, sortez à sa rencontre ! Alors toutes ces vierges se levèrent et préparèrent leurs lampes. Les folles dirent aux sages : Donnez–nous de votre huile, car nos lampes s'éteignent. Les sages répondirent : Non, il n'y en aurait pas assez pour nous et pour vous ; allez plutôt chez ceux qui en vendent et achetez–en pour vous. Pendant qu'elles allaient en acheter, l'époux arriva ; celles qui étaient prêtes entrèrent avec lui au (festin) de noces, et la porte fut fermée. Plus tard, les autres vierges arrivèrent aussi et dirent : Seigneur, Seigneur, ouvre–nous. Mais il répondit : En vérité, je vous le dis, je ne vous connais pas. Veillez donc, puisque vous ne savez ni le jour, ni l'heure".

Voilà une parabole qui fait allusion à la préparation nécessaire du Peuple de Dieu à l'évènement de l'Enlèvement. En effet, ceux qui ne prennent pas au sérieux cet évènement se trompent. La Bible est claire : tous ne seront pas enlevés. Seuls ceux qui sont nés de nouveau et marchent avec Dieu, comme Hénoc, dans une relation personnelle avec leur Dieu seront enlevés. Pour être enlevé, il faut être prêt.

En même temps, il ne s'agit pas de culpabiliser les chrétiens outre mesure. Celui qui marche avec le Seigneur, qui est fidèle, qui vit dans l'obéissance à la Parole de Dieu n'a aucun souci à se faire. En revanche, ceux qui dorment ou se relâchent, ceux qui ne prient pas, ne veillent pas doivent se reprendre, c'est tout le sens des avertissements du Seigneur Jésus.

Dans cette parabole, la moitié des vierges ne sont pas prêtes, l'autre moitié oui. Combien de croyants disant aimer Christ et le suivre sont réellement prêts ? Serait-ce la même proportion que celle indiquée par cette parabole ?

En tout état de cause, la moitié des vierges ne disposaient pas d'huile en quantité suffisante, elles ne s'étaient pas préparées et sont considérées comme folles, insensées.

Il existe aussi beaucoup de chrétiens qui sont frivoles, légers, superficiels et qui vivent un christianisme tiède.

La parabole nous montre que celles qui étaient prêtes ont pu avoir accès à la salle des noces car le but de l'Enlèvement est la participation aux noces de l'Agneau. Tout l'enjeu est que la fiancée monte vers l'Epoux, Christ, et que soient célébrées les noces de l'Agneau tandis que sur cette terre dont l'Eglise, sel de la terre et lumière dans ce monde aura été enlevée, aura lieu ce que le livre de l'Apocalypse appelle la Grande Tribulation à laquelle les rachetés enlevés vont échapper.

1 Thessaloniciens 1/9-10 " **Car on raconte, à notre sujet, quel accès nous avons eu auprès de vous, et comment vous vous êtes convertis à Dieu, en abandonnant les idoles pour servir le Dieu vivant et vrai, 10 et pour attendre des cieux son Fils, qu'il a ressuscité des morts, Jésus, qui nous délivre de la colère à venir** ".

Pour les vierges qui n'étaient pas prêtes, la porte s'est fermée sur le temps de la grâce. Cela va être le cas pour l'Eglise, greffée sur l'olivier franc, Israël, dont le temps va s'achever et ce sera ensuite le temps de la restauration d'Israël.

Les vierges folles, insensées et imprudentes typifient les croyants tièdes, idolâtres, sensuels, pleins de convoitises terrestres et charnelles, qui aiment dans leur cœur le monde et sa convoitise plus que Christ. Quand ils voudront réagir, la parabole nous montre qu'il sera hélas trop tard.

Le pire est la déclaration du Christ au verset 11 : " **Mais il répondit : En vérité, je vous le dis, je ne vous connais pas**".

Cependant, la parabole de Jésus revêt un caractère d'avertissement positif car il conclut en disant : " **Veillez donc, puisque vous ne savez ni le jour, ni l'heure**".

En effet, Actes 1/9 nous montre que, lors de son ascension, Jésus a été dérobé à la vue de ses disciples par la nuée : " **Après avoir dit cela, il fut élevé pendant qu'ils le regardaient, et une nuée le déroba à leurs yeux**".

Vient alors une formidable déclaration d'anges se tenant devant les disciples à ce moment-là : "**Et comme ils avaient les regards fixés vers le ciel pendant qu'il s'en allait, voici que deux hommes, en vêtements blancs, se présentèrent à eux et dirent : 11 Vous Galiléens, pourquoi vous arrêtez–vous à regarder au ciel ? Ce Jésus, qui a été enlevé au ciel du milieu de vous, reviendra de la même manière dont vous l'avez vu aller au ciel**" (Actes 1/10-11).

Il est intéressant que les anges aient annoncé la manière dont Jésus reviendrait, à savoir sur les nuées.

De même, Apocalypse 1/7 indique les conditions de son retour : " **Voici qu'il vient avec les nuées. Tout homme le verra, même ceux qui l'ont percé ; et toutes les tribus de la terre se lamenteront à son sujet. Oui, amen !**"

Nous sommes donc invités à veiller et prier, c'est-à dire à nous préparer pour l'invitation qui nous est faite de participer aux noces de l'Agneau, alléluia !

Ne manquons pas cette invitation pour des prétextes futiles, une attitude laxiste et charnelle, de la superficialité et de la tiédeur, ce serait tellement dommage après tout ce que le Christ a fait pour nous.

" **Réjouissons–nous, soyons dans l'allégresse et donnons–lui gloire, car les noces de l'Agneau sont venues, et <u>son épouse s'est préparée</u>. Il lui a été donné de se vêtir de fin lin, éclatant et pur. Le fin lin, ce sont les œuvres justes des saints.** " (Apocalypse 19/7-8).

Frère, sœur, es-tu prêt (e) pour ce glorieux évènement, pour être marié(e) à l'Agneau ? Tu dois conserver tes vêtements dans la pureté, la propreté, poursuivre la sanctification, demeurer fidèle alors que d'autres se détournent des voies du Seigneur ou deviennent des apostats. Il vient bientôt, l'Eglise va être enlevée et rien ni personne, ni même le diable ne peut l'empêcher.
Es-tu dans l'espérance, es-tu dans la passion de la personne du Christ ? N'as-tu pas envie d'être embrasé par cette passion, cet amour pour ton Sauveur ?

2. Référence au déluge et à Noé

Luc 17/20-37 : " **Interrogé par les Pharisiens pour savoir quand viendrait le royaume de Dieu, il leur répondit : Le royaume de Dieu ne vient pas de telle sorte qu'on puisse l'observer. 21 On ne dira pas : Voyez, il est ici, ou : Il est là. Car voyez, le royaume de Dieu est au-dedans de vous. 22 Et il dit aux disciples : Des jours viendront où vous désirerez voir l'un des jours du Fils de l'homme, et vous ne le verrez pas. 23 On vous dira : Il est ici, il est là. N'y allez pas et n'y courez pas. 24 En effet, comme l'éclair resplendit et brille d'une extrémité du ciel à l'autre, ainsi sera le Fils de l'homme en son jour. 25 Mais il faut auparavant qu'il souffre beaucoup et qu'il soit rejeté par cette génération. 26 Ce qui arriva aux jours de Noé arrivera de même aux jours du Fils de l'homme. 27 Les gens mangeaient, buvaient, se mariaient, étaient donnés en mariage, jusqu'au jour où Noé entra dans l'arche ; le déluge vint et les fit tous périr. 28 Il en sera comme au temps de Loth. Les gens mangeaient, buvaient, achetaient, vendaient, plantaient, bâtissaient, 29 mais le jour où Loth sortit de Sodome, une pluie de feu et de soufre tomba du ciel et les fit tous périr. 30 Il en sera de même le jour où le Fils de l'homme se révèlera. 31 En ce jour-là, que celui qui sera sur la terrasse et qui aura ses affaires dans la maison, ne descende pas pour les prendre ; et que celui qui sera dans les champs, ne retourne pas non plus en arrière. 32 Souvenez-vous de la femme de Loth. 33 Celui qui cherchera à préserver sa vie la perdra, et celui qui la perdra la retrouvera. 34 Je vous le dis, en cette nuit-là, de deux personnes qui seront dans un même lit, l'une sera prise et l'autre laissée ; 35 de deux femmes qui moudront ensemble, l'une sera prise et l'autre laissée. 36 De deux hommes qui seront dans un champ, l'un sera pris et l'autre laissé. 37 Les disciples lui dirent : Où sera-ce, Seigneur ? Et il répondit : <u>Où sera le corps, là s'assembleront les aigles</u>**".

Voilà encore un texte avec des déclarations indicatives de Jésus qui font une nette allusion à l'Enlèvement et à la préparation nécessaire de l'Eglise de la génération qui connaîtra cet évènement.

Le Seigneur répond aux questions des Pharisiens qui demandaient quand devait venir le Royaume de Dieu et il leur indique la soudaineté de la venue du Royaume et que c'est le Seigneur lui-même qui viendra rassembler les siens, où qu'ils soient, tant ceux qui sont morts et qu'il va ressusciter que ceux qui seront vivants à ce moment-là.

Du verset 20 au verset 24, le Seigneur fait référence à son Retour, en général, pas à l'Enlèvement puis au verset 25 il évoque la nécessité de sa souffrance sur la croix puis c'est alors que vient la référence à l'Enlèvement.

Le Seigneur mentionne Noé car à son époque, il y avait beaucoup de méchanceté. Genèse 6 décrit les caractéristiques de l'époque où Noé a vécu :
" **Lorsque les hommes eurent commencé à se multiplier sur la face de la terre**" (V 1). Notre monde d'aujourd'hui atteint une population totale importante, ce qui multiplie les problèmes mondiaux. Notre monde ressemble étrangement à celui de Noé, avec son explosion démographique.

Puis le verset 4 dit : " **Les géants étaient sur la terre en ces temps–là**". Il s'agissait d'êtres issus d'une union hybride dont la source démoniaque ne fait aucun doute, en vue de pervertir la lignée raciale messianique en réponse à Genèse 3/15 et la promesse d'une postérité de la femme qui écraserait la tête du serpent.
Ces géants étaient d'une extrême perversité et d'eux est née une descendance d'hommes et de femmes véritablement méchants, et c'est la raison pour laquelle Dieu a détruit le monde antédiluvien.

Aujourd'hui, les géants ne sont pas des hommes mais des éléments d'asservissement de l'humanité : pornographie, perversion, immoralité, méchanceté, jalousie, vices, suicides, homosexualité, occultisme.

Ces géants corrompent aujourd'hui l'esprit de la jeune génération (enfants, adolescents, jeunes) et ont une grande influence sur notre économie et sur la politique de nos sociétés.

Le v 5 dit : " **L'Eternel vit que la méchanceté des hommes était grande sur la terre, et que toutes les pensées de leur cœur se portaient chaque jour uniquement vers le mal**" puis aux versets 11 et 12 :" **La terre était corrompue devant Dieu, la terre était pleine de violence. Dieu regarda la terre, et voici, elle était corrompue ; car toute chair avait corrompu sa voie sur la terre**".

Les informations qui nous sont apportées par les médias confirment la similitude de ce texte avec notre génération violente et immorale, dont une des marques est aujourd'hui le vocabulaire obscène utilisé à profusion jusque dans les émissions de télévision soi-disant branchées.

Pourtant, au milieu de cette génération, il y avait un homme appelé Noé, dont le nom *Noach* signifie repos, tranquillité.

Noé se trouve être un type de l'Eglise et l'arche représente l'Eglise qui goûte au repos que le Christ offre et qui sera enlevée au Ciel pour échapper au jugement.

Par ailleurs, le Seigneur décrit la génération de Noé comme étant prospère ; tous pouvaient vaquer à leurs occupations et ne vivre d'ailleurs que pour cela. Comme au temps de Noé, la génération actuelle est matérialiste et n'est intéressée que par son confort matériel, au mépris total des choses spirituelles.

Toutefois, comme Noé en son temps, il reste encore des gens qui sont la famille de Dieu, les témoins de sa Parole, l'Eglise. Cette Eglise est appelée à vivre comme Noé, dans l'attente du déluge et du salut correspondant. Comme Noé, il nous faut être des prédicateurs de justice, qui croient et sont convaincus de l'imminence du Retour du Seigneur.

3. Référence à la femme de Lot

Jésus compare donc le monde de Noé et de Lot avec le nôtre ; Il montre aussi que les choses se répètent : on se mariait, on mangeait, on buvait, on se divertissait, ce à quoi pensent aussi nos contemporains avant tout.

Par ailleurs, l'homosexualité et l'immoralité sexuelle exerçaient une grande influence sur la vie sociale des gens de Sodome et Gomorrhe.

Dans ce passage où la femme de Lot est citée en exemple, parce que sa perspective était toute entière orientée sur le train de vie de ce monde et non sur la perspective du Royaume de Dieu, au point de regarder en arrière et d'être statufiée, le Seigneur fait clairement allusion à l'Enlèvement, en disant :

" **Je vous le dis, en cette nuit–là, de deux personnes qui seront dans un même lit, l'une sera prise et l'autre laissée ; 35 de deux femmes qui moudront ensemble, l'une sera prise et l'autre laissée. 36 De deux hommes qui seront dans un champ, l'un sera pris et l'autre laissé.** "

Au sein de toute l'activité économique qui est décrite, au sein des préoccupations humaines, une scission va s'accomplir entre ceux qui attendent la bienheureuse espérance et ceux qui ne marchent que pour satisfaire leur chair et ont le regard entièrement tourné vers ce qui est terrestre, étant déraciné du lieu vers lequel leur origine devrait les attirer.

Le verdict est clair : les uns seront pris, les autres laissés. Cela va faire mal ! Des familles seront séparées ! Des collègues seront séparés ! Une répercussion sur les activités humaines aura lieu !

V – Paul et 1 Corinthiens 15

I Corinthiens 15/51-53 " **Voici, je vous dis un mystère: nous ne mourrons pas tous, mais tous nous serons changés, 52 en un instant, en un clin d'œil, à la dernière trompette. La trompette sonnera, et les morts ressusciteront incorruptibles, et nous, nous serons changés. 53 Car il faut que ce corps corruptible revête l'incorruptibilité, et que ce corps mortel revête l'immortalité**".

On ne peut être plus clair. Dans ce chapitre sur la résurrection, Paul nous dit que nous ne mourrons pas tous. De fait, les morts ressusciteront et ceux qui seront restés vivants au moment du Retour du Seigneur seront changés (grec *allasso* : changés, transformés en autre chose).

Les circonstances sont même précisées : " **en un instant, en un clin d'œil, à la dernière trompette**". C'est dire la soudaineté de l'évènement et la puissance d'attraction de Jésus qui, par le pouvoir qu'il a de s'accaparer toutes choses, va ravir son Eglise.

Par la même occasion, le corps des croyants sera transformé pour être adapté à leur nouveau monde où règne la présence de Dieu.

Forts de cette espérance, les premiers chrétiens n'ont pas hésité à vivre et mourir pour Jésus. Et nous aujourd'hui ? Cette espérance les a conduits à évangéliser le monde d'alors ! Et nous ?

VI – Jean et l'Enlèvement

L'auteur de l'Apocalypse, Jean a été ravi en esprit. Au cours de cette expérience, voilà ce qui se passe : " **Après cela je regardai, et voici une porte ouverte dans le ciel. Telle une trompette, la première voix que j'avais entendue me parler dit : Monte ici, et je te ferai voir ce qui doit arriver dans la suite**" (Apocalypse 4/1).

Après cela est une expression désignant le début d'une nouvelle vision tout u long de l'Apocalypse. Il y a là une transition entre l'ère de l'Eglise sur terre et la vision du Ciel qu'a Jean, entre la 1ère étape de la vision ("ce qui est" d'Apocalypse 2 et 3 et "ce qui doit arriver ensuite" d'Apocalypse 4 à 19).

Cet ordre vient après l'énumération des 7 églises et des temps prophétiques qui correspondent à ces églises. Toute l'ère historique de l'Eglise est caractérisée dans ces lettres aux 7 églises. Aussi, avec les Chapitres 2 et 3, c'est l'ère de l'Eglise qui s'achève et une porte qui se clôt pour laisser s'ouvrir une autre porte, celle du Ciel.

Avec l'accomplissement de cet ordre, "**monte ici**", Jean typifie l'Eglise à qui le même ordre va être donné du Ciel et qui va s'élever loin de ce monde qui n'est pas digne de la porter parce que rachetée par le sang de l'Agneau.

VII – Paul, 2 Thessaloniciens et l'Enlèvement

2 Thessaloniciens 2/1-3 "**Pour ce qui concerne l'avènement de notre Seigneur Jésus-Christ et notre réunion avec lui, nous vous prions, frères, 2 de ne pas vous laisser facilement ébranler dans votre bon sens, et de ne pas vous laisser troubler, soit par quelque inspiration, soit par quelque parole, ou par quelque lettre qu'on dirait venir de nous, comme si le jour du Seigneur était déjà là. 3 ¶ Que personne ne vous séduise d'aucune manière ; car il faut que l'apostasie soit arrivée auparavant, et qu'on ait vu paraître l'homme du péché, le fils de la perdition**"

Le terme grec "*episunagoge*" traduit par réunion, signifie rassemblement complet, c'est le terme employé aussi dans Hébreux 10/25 pour désigner le rassemblement des croyants dans un lieu.

Les Thessaloniciens craignaient pour certains de ne pas être enlevés. Nous savons qu'une fausse lettre avait été attribuée à Paul, qui ne l'avait pas écrite, qui aurait fixé un préalable à l'Enlèvement : l'apparition de l'apostasie.

Or, Paul affirme aux Thessaloniciens qu'ils ne devaient pas perdre si facilement leur espérance car il leur avait déjà parlé de ce phénomène de l'apostasie :

"**Que personne ne vous séduise d'aucune manière ; car il faut qu'auparavant l'apostasie soit arrivée, et que se révèle l'homme impie, le fils de perdition, 4 l'adversaire qui s'élève au-dessus de tout ce qu'on appelle Dieu ou qu'on adore, et qui va jusqu'à s'asseoir dans le temple de Dieu et se faire passer lui-même pour Dieu. 5 Ne vous souvenez-vous pas que je vous disais cela, lorsque j'étais encore auprès de vous ?**" (2 Thessaloniciens 2/3-5).

Or, l'apostasie est cet abandon de la foi et de la vérité qui doit précéder l'Enlèvement. Ce temps d'apostasie a commencé mais l'apostasie complète viendra avec l'apparition de l'antichrist et du faux prophète mentionnés dans le livre de l'Apocalypse et l'Enlèvement aura lieu préalablement à l'apparition, sur la scène mondiale de ce séducteur astucieux qui parlera de paix et de sécurité mais apportera uniquement la guerre et attirera le jugement de Dieu sur l'humanité.

D'ailleurs, selon Mac Arthur (commentaire biblique sur 1 et 2 Thessaloniciens), l'apostasie à laquelle Paul fait ici référence à l'abandon de la vérité en général car il y a toujours eu des églises apostâtes et des apostats. Mac Arthur affirme que l'usage dont fait Paul de l'article défini grec révèle que Paul ne pensait pas à une tendance ou à un évènement général, mais à un geste spécifique et identifiable d'apostasie, à savoir un acte blasphématoire d'une magnitude sans précédent. Cet acte est lié à son auteur, l'homme impie, littéralement "sans loi", quelqu'un qui va défier ouvertement les lois de Dieu. Cette apostasie, appelée aussi par Jésus "abomination de la désolation" (Matthieu 24/15), se produira au milieu de la Tribulation après que cet homme se sera déclaré ami de la religion mais finira par se proclamer lui-même Dieu.

L'apostasie dont il est question est donc, selon Mac Arthur, la déification blasphématoire de l'Antéchrist et la profanation du Temple.

VIII – <u>Véracité de la doctrine de l'Enlèvement</u>

L'Enlèvement de l'Eglise est une doctrine clairement établie dans la Bible. Si le chrétien ne croit pas en l'Enlèvement, il se prive du plus grand stimulant que le Seigneur lui offre pour mener le bon combat de la foi.

Un chrétien qui ne croit pas en l'Enlèvement ne peut rien comprendre à la chronologie des évènements prophétiques qui doivent se dérouler.
L'Enlèvement est ce qu'attendait l'Eglise primitive, elle vivait dans cette perspective et cette espérance. En effet, l'Enlèvement ouvrira le chapitre final de l'histoire de l'Eglise dans le plan de rédemption de Dieu pour son peuple.

L'Enlèvement de l'Eglise va permettre au mal de prendre toute sa place sur terre alors que sa présence, son action et son influence restreignait le pouvoir du mal. Cette fois-ci, l'iniquité va s'accroître au point de devenir insupportable. Le monde sera libéré pour un temps de l'action restrictive de Dieu face au mal et libre d'introniser son prince, l'antichrist.

L'Enlèvement de l'Eglise est pour tous les croyants qui marchent fidèlement dans l'obéissance au Maître, avec consécration, ce qui est la signification du nom Hénoc.

Lors de l'Enlèvement, les croyants laisseront tout derrière eux, sauf les âmes qu'ils auront amenés à Christ !

L'Enlèvement de l'Eglise mettra fin à l'évangélisation mondiale telle que nous la connaissons car c'est en cette période que les juifs vont être atteints et que 144 000 juifs seront oints pour témoigner du Messie et même des anges annonceront l'évangile au monde.

Notre vie est courte. Nous qui connaissons le Seigneur, marchons avec Lui, soyons fidèles et consacrés !

" Puisque tout cela est en voie de dissolution, combien votre conduite et votre piété doivent être saintes ! 12 Attendez et hâtez l'avènement du jour de Dieu, où les cieux enflammés se dissoudront et où les éléments embrasés se fondront… C'est pourquoi, bien–aimés, dans cette attente, efforcez–vous d'être trouvés par lui sans tache et sans défaut dans la paix" (2 Pierre 3/11-12,14).

IX – Les mouvements qui s'élèvent contre la doctrine de l'Enlèvement

L'église catholique n'enseigne pas, comme je l'ai déjà indiqué, la doctrine de l'Enlèvement et certains sites internet d'obédience catholique combattent l'idée même qu'il y ait un enlèvement.

Nous ne parlerons pas davantage des hérésies comme les Témoins de Jéhovah et les Mormons qui, historiquement, n'intègrent pas l'Enlèvement dans leurs doctrines d'ailleurs erronées et compliquées.
En revanche, divers mouvements pseudo-évangéliques de type néo-pentecôtiste, depuis quelques années maintenant, ne cessent d'élever leur voix blasphématoire contre l'idée ou notion de l'Enlèvement, c'est quelque chose qu'ils ne prêchent pas et quand ils l'évoquent, c'est pour le tourner en dérision.

Les mouvements tels le G12 et ses leaders s'élèvent avec force, dérision, moquerie, dédain et irrespect contre cette doctrine éprouvée.

Benny Hinn affirmait ne plus attendre cet évènement et les rues pavées d'or du Ciel mais vouloir tout cela déjà sur la terre, se démasquant et indiquant par là son goût du luxe. La plupart de ces leaders sont richissimes et arborent des montres Rollex, des cravates en soie luxueuses, des costumes reluisants, des voitures de luxe…, enrichis qu'ils sont par des gens plus pauvres qu'eux mais d'une crédulité triste à déplorer.

Que dire de Dante Gebel, ce prédicateur des jeunes argentin qui tournait un cantique sur l'Enlèvement en dérision et se moquaient de tous les prédicateurs qu'il avait entendu prêcher sur ce sujet, face à une forte audience à la télévision et des gens qui applaudissaient à tout rompre. Pour beaucoup, le réveil (pas le grand réveil mondial annoncé) sera difficile ! On ne se moque pas de Dieu impunément.

CONCLUSION

Je vous invite à garder un cœur ouvert à la vérité et si vous demeurez ainsi dans la Parole, Dieu vous établira et vous affermira. Et quand l'esprit mauvais de ce monde surgira comme un fleuve, il sera incapable de se frayer un chemin vers votre cœur.

" **Ceux qui se confient en l'Eternel sont comme la montagne de Sion, qui ne chancelle pas, qui demeure à toujours. Jérusalem ! – des montagnes sont autour d'elle, et l'Eternel est autour de son peuple, dès maintenant et à toujours. Car le <u>bâton de la méchanceté</u> ne reposera pas sur le lot des justes ; afin que les justes n'étendent pas leur main vers l'iniquité.** " (Psaume 125/1-3).

L'esprit de l'antichrist a une autorité significative, symbolisée ici par une verge, un bâton de méchanceté. Mais si nous sommes soumis à Dieu, son règne ne nous atteindra pas ; au contraire, nous serons victorieux !

" **Soumettez–vous donc à Dieu, résistez au diable, et il fuira loin de vous.** " (Jacques 4/7)

" **Je vous ai écrit, jeunes gens, parce que vous êtes forts, que la parole de Dieu demeure en vous et que vous avez vaincu le Malin.** " (1 Jean 2/14).

"**car tout ce qui est né de Dieu triomphe du monde, et la victoire qui triomphe du monde, c'est notre foi.** " (1 Jean 5/4 Bible du Semeur).

Si vous êtes fondés dans la vérité, établis en Christ, enracinés dans sa Parole, vous ne serez pas ébranlés par l'esprit de l'antichrist et vous serez trouvés dans la maison de Dieu, en train d'adorer en esprit et en vérité, avec un cœur pur. Et votre foi sera victorieuse de tout ce que l'ennemi entreprendra contre vous pour une seule et unique raison : Christ est assis sur le trône de votre cœur.

Nous devons apprendre à nous examiner, nous remettre en question, marcher dans l'humilité, durant toutes les saisons de notre vie spirituelle :
" **Sonde–moi, ô Dieu, et connais mon cœur ! Éprouve–moi, et connais mes préoccupations ! 24 Regarde si je suis sur une mauvaise voie, Et conduis–moi sur la voie de l'éternité !** " (Psaume 139/23-24).

Cher ami, veux-tu renouveler ton alliance avec le Seigneur Jésus, le Oint véritable ? Désires-tu plus que tout que Dieu trône par Son Esprit sur ton cœur ? Veux-tu vraiment confier ta vie au Seigneur ? Veux-tu la placer sous la seigneurie de Christ et sous le Gouvernement de Sa Parole ? Ne veux-tu pas te mettre en règle ? N'as-tu pas

peut-être senti que tu pouvais dévier à cause des séductions ? N'as-tu pas des combats ? Une lutte intérieure car quelqu'un a tenté de t'entraîner, de te tromper, de te séduire et t'a ainsi empêché d'avancer ?
Lors d'une prédication sur le thème des faux évangiles dans une Université d'Afrique, j'ai eu le plaisir de partager ce sujet avec un millier d'étudiants mais 5 s'étaient groupés à l'extérieur et étaient opposés à ce type de message. En fait, ils luttaient intérieurement. Toutefois, écoutant à l'extérieur, ils furent persuadés par le Saint-Esprit et décidèrent de se joindre à leurs camarades afin de demeurer dans la saine doctrine, ils demandèrent même la prière en leur faveur.

Sois simple ! Viens aux pieds de Jésus, humilie-toi et remets-lui le règne sur ta vie. Promets-lui de lire sa Parole, de l'étudier, de la sonder et de rechercher le Conseil de Dieu auprès des serviteurs de Dieu dont la fidélité a été éprouvée. Reçois l'Esprit de Jésus-Christ et de nul autre !
Engage-toi solennellement à combattre pour la foi qui a été donnée aux saints une fois pour toutes ? Devrais-ajouter " au reste saint une fois pour toutes " ?

Enfin, prépare-toi à la rencontre de ton Dieu, il vient bientôt chercher son Eglise !
Le moment tant attendu de la bienheureuse espérance va venir quand le Seigneur va s'exclamer "Eglise de Jésus-Christ, monte ici !". Alors nous voulons dire à notre tour avec l'Esprit-Saint : "Maranatha, viens, Seigneur viens !".

APPENDICE 1
LE MOUVEMENT APPELÉ G12

1. Origine et fondation

Le mouvement de cellules G12 ou "Gouvernement des cellules de 12" a été lancé par le pasteur colombien César Castellanos.
Convaincu que la croissance des églises n'était pas assez rapide, il prétend qu'alors qu'il était en vacances sur une plage colombienne, Dieu lui a parlé et lui a dit : "De quel genre d'église veux-tu être pasteur ?". Ensuite, Dieu lui aurait montré le sable de la mer et lui aurait dit : " je te donnerai cela et beaucoup plus si tu demeures dans ma volonté parfaite".

En 1983, il a fondé la Mission Charismatique Internationale (MCI). Le Pasteur Castellanos s'est rendu en Corée, en 1986, et il a adopté les principes de l'église de cellules, selon l'enseignement du Pasteur Yonggi Cho (Yoido Gospel Church de Séoul), à la suite de quoi son église de Bogota s'est rapidement développée.

Par la suite, il aurait reçu du Seigneur la "vision du Gouvernement des 12", selon le modèle de Jésus, qui avait réuni autour de lui 12 disciples pour les former. En 1999, le nombre des cellules de son église avait atteint 20 000 pour en compter 28 000 actuellement.

Il a ensuite organisé tout un système hiérarchisé de cellules de cellules de 12 personnes. Il affirme que ce modèle est le plus efficace pour obéir à la Grande Commission de Jésus, qui consiste à "faire de toutes les nations des disciples".

Pour lui, le nombre 12 symbolise le gouvernement. Il s'agit donc de former 12 disciples qui, à leur tour, deviendront des "leaders capables de former chacun 12 autres disciples et ainsi de suite". Castellanos prétend que l'Eglise Primitive s'était organisée selon ce même modèle, en petites cellules de maison.

Selon Castellanos, le concept "G 12", reçu par révélation, est de loin supérieur aux 7 églises mentionnées dans l'Apocalypse.

Castellanos a donc structuré toute son organisation sur le nombre 12 car il est convaincu que cette formule permettra à son église de connaître une croissance surnaturelle.

Le G12 fonde aussi sa structure sur 2 évènements :

- les réunions en cellules homogènes (même âge, même sexe),
- les rencontres.

Les cellules se réunissent dans les maisons et sont composées de 12 personnes. Une fois obtenu une croissance considérable, elles sont divisées afin de former de nouvelles cellules.
Les rencontres ont lieu une fois par mois et ce sont les nouveaux convertis qui y participent, ainsi que des croyants anciens de l'église, qui embrassent la vision.

Dans son livre " le leadership de réussite par le moyen de groupes de douze", Castellanos écrit : "*En 1991, le Seigneur a ôté le voile de mon esprit et m'a accordé une révélation profonde concernant la signification du nombre douze. Je m'étais demandé pourquoi Jésus enseignait douze personnes et non onze ou treize. J'ai également pensé que plus grand serait le nombre, plus le travail progresserait rapidement. Pourquoi Jésus avait-il investi Son effort tout simplement sur douze personnes ? Puis j'ai entendu la voix de l'Esprit-saint profondément dans mon cœur. Il a dit : « Oui, j'ai formé douze personnes et reproduit en elles le caractère de Christ qu'il y a en moi et chacune d'entre elles en a fait de même avec douze autres, la continuité du processus, avec chaque groupe de douze transférant ce qu'ils reçoivent aboutira à une croissance sans précédent de l'église ».*
Il écrit encore : "*J'ai commencé à voir le ministère de Jésus avec clarté. Les foules l'ont entendu mais il n'a pas formé les foules. Il en a seulement pris douze et tout ce qu'il a fait avec les foules, il a dû l'enseigner aux douze*".

C'est ainsi que Castellanos a structuré le G12, avec comme doctrines principales :
- le Baptême dans le Saint-Esprit,
- le parler en langues,
- la plénitude de l'Esprit,
- les dons spirituels,
- la confession positive,
- l'onction de puissance,
- la théologie de la prospérité,
- la malédiction de la pauvreté,
- la maladie, une conséquence du péché,
- les prophètes et les apôtres aujourd'hui,
- la guerre spirituelle contre les esprits de ruine, de pauvreté, de misère et l'héritage mauvais,
- les miracles et les prodiges,
- le don des miracles,
- l'homme semblable à Dieu,
- la repentance,
- la malédiction héréditaire,
- la guérison intérieure,
- les visions et les révélations,
- la puissance de la foi.

2. Les époux Castellanos

Le Pasteur César Castellanos et son épouse, la "pasteure" Claudia Rodriguez de Castellanos sont présents dans le milieu politique colombien. De 1992 à 1994, Claudia, qui était médecin et maintenant pasteure, a été Sénatrice de la République de Colombie.
Ils ont été tous deux victimes de tentatives d'assassinat en mai 1997 et furent blessés après avoir essuyé des tirs. En 1998, César Castellanos a été élu à la Chambre des Représentants colombienne. Ils disposent de la plus grande église de Colombie.

3. Le G12 dans le monde

Ce mouvement est désormais présent sur tous les continents, même s'il réside principalement dans les foyers de réveil spirituels (rappelons comme déjà dit que le Réveil n'immunise pas contre les séductions spirituels car celles-ci sont une contre-attaque diabolique).

Il est aussi fort présent en Grande-Bretagne puisque en 1999, l'église Hispana Comunidad Cristiana de Londres, du réseau d'églises de Kensington, dirigée par le Pasteur Edmundo Ravelo, a adopté le système G12.

Elle est passée rapidement de 40 à 2 000 membres et, en 2004, elle comptait plus de 4 000 membres.

Le Pasteur Colin Dye, leader du réseau d'églises du Temple de Kensington, à Londres, quand il a vu ce résultat, est allé avec son équipe, en 2000, dans l'église du Pasteur Castellanos.
Il raconte : "*l'équipe est revenue de Bogota pleine de joie et prête à mettre en œuvre sa propre vision G12 dans les églises de Kensington, ce qui fut le cas en septembre 2001*".
Bon nombre de pasteurs d'assemblées numériquement importantes dans le monde, comme Larry Stockstill (Centre de Prière Mondial Bethany à Baker, Louisiane, Etats-Unis) et Laurence Khong, de l'église Communauté de Foi Baptiste à Singapour se sont unis dans ce qui constitue à présent une pyramide croissante de leadership.
En France, une église de ce style existe en Auvergne (Mission Gospel Centre, à Clermont-Ferrand). Castellanos était d'ailleurs présent à Paris pour des conférences en novembre 2012.

4. Les pratiques du G12

Castellanos a défini les "4 étapes de l'échelle du succès" :

Gagner : les nouveaux convertis sont ajoutés à l'église par une évangélisation basée sur les contacts personnels (amis, famille) et ils sont immédiatement pris en charge.

Consolider : Tout au long de cette consolidation, le leader de la cellule se charge de veiller à ce que tout nouveau converti soit personnellement suivi et encadré. Des études bibliques individualisées sont programmées, à l'aide de tout un matériel de base préalablement préparé. Ces études se terminent par un "week-end de rencontre", où le nouveau converti doit faire une "expérience personnelle profonde de Jésus".
Le but est de "rencontrer Dieu", comme Abraham, Moïse, Josué, Esaïe et Paul ont pu le faire. Pendant ce week-end, sont abordés des thèmes comme ceux de l'assurance du salut, de la guérison intérieure, de la délivrance, notamment de la manière de briser les malédictions, du baptême d'eau, du baptême du Saint-Esprit, et de la vision de l'église de G12.

Faire des disciples : à la fin de cette consolidation, chaque nouveau converti doit à présent devenir le leader d'une nouvelle cellule de 12. Il entre donc à "l'école des leaders", qui consiste à suivre une soirée de formation par semaine pendant 9 mois. Les sujets comprennent la doctrine chrétienne de base, le développement personnel et le développement des compétences nécessaires pour conduire une cellule. Dans le même temps, chaque membre de l'école des leaders ouvre sa propre cellule, en continuant à recevoir le soutien de sa cellule originelle. A la fin de ce processus, les 12 seront devenus 144.

Envoyer : l'étape suivante consiste à envoyer à leur tour les membres de toutes ces nouvelles cellules, pour qu'ils forment à nouveau leurs propres équipes, grâce aux enseignements et aux matériels pédagogiques qu'ils ont reçus.
Chaque leader peut ensuite continuer à implanter d'autres cellules nouvelles. A Bogota, quand un leader est parvenu à implanter 250 cellules, il peut devenir un membre du personnel à temps partiel dans l'organisation centrale de l'église mère. Il est engagé à plein temps quand il a formé 500 cellules, ce qui signifie qu'il est le leader de près de 6 000 personnes. D'autres leaders sont appelés à aller implanter des églises de cellules dans d'autres régions du pays voire à l'étranger.
Lorsqu'une église traditionnelle adopte la vision des G12, elle doit passer par une période de transition pour devenir une "église de cellules", cela dure environ 2 ans. Par la suite, entre les premiers groupes de 12 et leur nouvelle multiplication par 12, il faut encore compter en moyenne 3 ans. C'est ainsi qu'une telle église peut être multipliée par 12 en 5 ans, puis s'engager ensuite dans une croissance exponentielle.

5. <u>Réflexions sur le G12</u>
Ce mouvement présente en surface une certaine clarté, du fait notamment que ses principaux dirigeants et promoteurs sont des personnes connues et importantes aux yeux de beaucoup de gens.
Cela n'empêche pas qu'il puisse oser bien des questions, à la lumière de l'enseignement de la Bible par rapport à des affirmations faites avec une apparente logique.

Il y a certes des principes recommandables dans le G12, notamment les cellules de maisons, le travail de formation de disciples avec des petits groupes, l'accent qu'il convient de placer sur l'évangélisation…
Toutefois, aucun verset de la Bible ne corrobore le fait que l'Eglise doive être construite sur la base d'un tel système que, ne l'oublions pas, Castellanos prétend avoir reçu "par révélation personnelle".

Castellanos fait des déclarations, dans son livre "le leadership efficace", dans ce style : "*Une fois que vous savez quel miracle vous voulez et que vous pouvez le visualiser, vous n'avez plus qu'à utiliser votre parole d'autorité pour qu'elle produise tel quel ce dont vous avez rêvé. Ensuite, ce que nous conquérons dans le domaine spirituel peut être apporté par la foi dans le domaine naturel. De cette façon, le Seigneur peut transformer ce qui est chaotique en quelque chose de bon. Il n'avait qu'à décider et ensuite parler pour voir le miracle de la création s'accomplir. Et nous sommes participants également dans cette nature divine*".

En d'autres termes, nous visualisons le miracle que nous voulons et tout ce que nous avons à faire est d'exprimer notre parole d'autorité, qui est l'autorité même de Christ, pour faire en sorte que cela se produise.

Claudia Castellanos disait sur sa page internet : "*l'onction de Dieu et la prospérité économique viennent quand une personne établit son G12, c'est-à-dire son conseil de 12 disciples*".

Bien entendu, comme beaucoup de mouvements sectaires, pour que son concept fonctionne bien et que la vision ait du succès, Castellanos recommande son matériel, comme le "Manuel de la rencontre" et "Appliquer avec efficacité la vision".

Néanmoins, l'organisation de ce mouvement est faite de telle manière qu'un contrôle étroit des membres est exercé, notamment par le biais d'un système entièrement centralisé et hiérarchisé, où la liberté de chacun s'exerce dans des limites très étroites et où l'action du Saint-Esprit est en vérité réduite à néant.

En fait, le mouvement G12 prône une unité visible de tout le corps de Christ, au sein d'une structure standardisée et gouvernée par des règles bien définies. La Bible affirme que l'unité de l'Eglise est une unité réalisée par le Saint-Esprit et sur la base de la foi fondée sur la vérité de la Parole de Dieu.

Le mouvement G12 assure une formation académique et intellectuelle des membres des cellules afin de développer leurs capacités humaines personnelles et faire d'eux des leaders. Beaucoup n'ont pas ces capacités et ne pourront les exercer que dans le cadre d'un système étroitement organisé et contrôlé, le tout sous le couvert d'une recherche de leur épanouissement.

En fait, ce mouvement a détourné à son profit le principe des cellules de maisons, qui a fait ses preuves dans beaucoup d'églises et de pays, mais qui sont des rassemblements libres selon Actes 2/42 (enseignement de la Parole, communion fraternelle, la fraction du pain et les prières) et conduits par le Saint-Esprit.

La Bible enseigne que le seul moyen de transformation des croyants à l'image de Christ est la prédication de la croix, qui permet la marche selon l'Esprit. Or, l'œuvre de la croix est évitée dans ces rassemblements où on passe davantage de temps à prôner la guérison intérieure et la délivrance, ce qui ne résout en rien le problème de la chair.

Le principe des groupes homogènes n'a rien de biblique mais est basé sur la psychologie et les sciences sociales, à l'instar de ce qu'ont fait des groupes commerciaux comme Tupperware et Amway.

Le mouvement G12 prêche une théologie dominioniste et prône l'autorité du chrétien sur la création, qui doit aboutir à lui permettre de restaurer, avant le Retour de Jésus, son autorité sur la terre, dans toutes les strates de la société. Il conditionne ses adeptes pour un grand réveil mondial dirigé par les nouveaux apôtres et prophètes qui en fait sont de faux apôtres et de faux prophètes qui, comme Cash Luna au Guatémala ou Dante Gebel en Argentine, n'hésitent pas à blasphémer et à se moquer de ceux qui croient dans la doctrine de l'Enlèvement de l'Eglise.

Il convient de souligner que le G12 fait suite aux réveils de Toronto et Pensacola et a assimile toutes leurs déviances et extravagances, comme les techniques de régression mentale (faire revenir quelqu'un qui a d'énormes problèmes au stade de l'enfance, avec tous les dangers que cela comporte).

Ce mouvement a provoqué des divisions au sein de grands mouvements d'églises, au sein des églises elles-mêmes, au sein des familles et même parmi des couples pastoraux, qui ont dû divorcer ! Quel fruit pour un mouvement qui prétend faire des disciples de toutes les nations !

Ne soyons pas séduits par le nombre, comme beaucoup, même si la croissance de l'Eglise est un objectif biblique mais le G12 insiste beaucoup sur le leadership de contrôle et de soumission à l'autorité des leaders et ses méthodes ne sont que l'adaptation à la vie de l'Eglise des méthodes modernes de planification stratégique et de gestion des entreprises performantes.

Beaucoup sont déjà sortis de ce mouvement et pas sans mal ni sans pertes ! Il existe bien des témoignages dramatiques consécutifs aux rencontres mais aussi des témoignages de restauration après être passé par cette séduction.

APPENDICE 2
LA THEOLOGIE DOMINIONISTE OU THEOLOGIE DU ROYAUME MAINTENANT

Le dominionisme n'est pas une théologie récente mais le plus étrange est qu'elle captive aujourd'hui beaucoup de gens, issus tant de mouvements libéraux ou d'églises traditionnelles, que des mouvements charismatiques et néo-pentecôtistes. Cette théologie est parvenue à séduire même des pasteurs qui ont toujours enseigné la saine doctrine.

1. Histoire du dominionisme

Le dominionisme remonte au 3ème siècle, avec les enseignements d'Origène d'Alexandrie, à ne pas confondre avec l'autre Origène, né en 185. Cet Origène était un disciple de Clément d'Alexandrie et fervent partisan de l'école de pensée du philosophe Ammonius Saccas et son néoplatonisme.

Saccas enseignait qu'il était nécessaire de créer l'union de tous les crédos religieux sous le concept d'une conscience universelle (voilà les prémices du Nouvel Age que des leaders évangéliques prêchent depuis la chaire).

Origène a fait un amalgame constant entre les récits bibliques et la philosophie d'Alexandrie, ce qui a constitué les ingrédients privilégiés de cet érudit et exégète dont les enseignements ont traversé les siècles et qui sont devenus, au XXème siècle, le fondement de la théologie moderniste et apostat.

Actuellement, beaucoup ont la pensée d'Origène, notamment son enseignement eschatologique (au sujet des fins dernières) car celui-ci soutenait une position post-millénariste, c'est-à-dire qu'il ne croyait pas qu'il y aurait un règne millénaire messianique (millénium) et donc que l'Eglise devait conquérir tous les pouvoirs pour que soit établi l'équilibre de l'humanité, ce qu'on appelle le pouvoir temporel.

L'église catholique a prêché cette théologie durant des siècles et, au IVème siècle, Augustin d'Hippone, dit Saint Augustin, un des pères de l'Eglise, a recueilli les enseignements d'Origène dans son œuvre : "la Cité de Dieu".

Les enseignements d'Augustin et toute la patristique en général (écrits des pères de l'Eglise) influencent profondément tous les leaders formés dans les séminaires et certains instituts bibliques.

Le diable en a fait de puissants instruments de syncrétisme, de subjectivisme et d'humanisme, au détriment de la Parole inspirée de Dieu, les Saintes Ecritures, la Bible.

2. La théologie dominioniste au XXème siècle

Au fil des réveils du XXème siècle, certains leaders et certaines églises ont placé l'expérience au-dessus de l'enseignement de la Bible et de ses règles d'interprétation (herméneutique).

Sous la prétexte que "la lettre tue", certains n'ont pas hésité à propager des enseignements tronqués, ce qui a suscité la naissance du mouvement néo-pentecôtiste, lié au mouvement charismatique.

Après Vatican II, l'église catholique s'est efforcé de récupérer les "frères séparés", comme on a fini par appeler les évangéliques, pour les faire rentrer dans le giron de Rome par toutes sortes de stratégies d'infiltration et de diplomatie. Il en est résulté un certain œcuménisme qui conduit une partie de l'Eglise de Jésus-Christ vers l'apostasie, à cause des hérésies adoptées en cours de route.

C'est ainsi que la théologie dominioniste adoptée depuis longtemps par Rome a gagné bien des milieux évangéliques et leurs leaders. Souvenons-nous que cette théologie, sur la base de la citation de certains textes bibliques sortis de leur contexte, enseigne la conquête du pouvoir temporel et l'objectif de conquérir le monde pour parvenir à contrôler la sphère politique, économique et religieuse.

C'est sans doute pour cette raison que le Nouvel Observateur avait fustigé dans un dossier qu'il avait réalisé, les évangéliques, cette secte qui veut conquérir le monde.

Hélas, comme toujours, la presse française mal informée a englobé tous les évangéliques dans cette mascarade et la plupart des pasteurs et chrétiens évangéliques se sont demandés, abasourdis, pourquoi on parlait d'eux ainsi, eux qui n'aspirent qu'à prêcher l'évangile afin que les perdus soient sauvés. Le monde évangélique français ne connaissait pas encore à ce moment-là le poids de tous les dangers que représentaient tous ces mouvements qui prônent la conquête de toutes les strates d'une société.

3. Le dominionisme parmi les évangéliques

Cette théologie a gagné des personnes comme Kathryn Kuhlmann, Paul Craouch, Benny Hinn, César Castellanos, le chanteur sud-américain Marcos Witt, Cash Luna au Guatemala et Guillermo Maldonado et bien d'autres encore.

Le plus ardent défenseur en a été le défunt Earl Paulk, évêque de la Chapel Hill Harvester Church, aux Etats-Unis. Cet homme enseignait le dominionisme avec une interprétation particulière, prétendant que nous sommes des petits dieux, que Christ ne peut revenir sur la terre si l'Eglise n'a pas conquis le monde, qu'il n'existe pas d'enlèvement, qu'il s'agit uniquement d'une échappatoire.

Cet enseignement s'est donc propagé dans la sphère évangélique avec une accumulation de doctrines renfermant le concept de pouvoir et d'autosuffisance de l'homme. On trouve cela chez Morris Cerrullo, Robert Schuller, Kenneth Copeland et Benny Hinn.

S'y ajoute le concept de méga-églises (Rick Warren) et l'évangile de la prospérité (Cash Luna, Rony Chavez, Benny Hinn et encore bien d'autres). Nombreux sont ceux qui, parmi ces leaders qui préparent les foules à entendre la voix de l'antichrist en les détournant de la parole de Christ, ont succombé à la voix du Tentateur :

"**Le diable le transporta encore sur une montagne très haute, lui montra tous les royaumes du monde et leur gloire, et lui dit : Je te donnerai tout cela, si tu te prosternes et m'adores**" (Matthieu 4/8-9).
"**Mais les hommes méchants et imposteurs avanceront toujours plus dans le mal, égarant les autres et égarés eux–mêmes**" (2 Timothée 3/13).

4. Analyse doctrinale

a) La conquête du pouvoir temporel

Selon les enseignements de la théologie dominioniste, l'Eglise doit conquérir le monde ou ce qui est appelé le pouvoir universel (catholicisme) ou temporel, ce qui se traduit par l'infiltration dans toutes les couches de la société d'un Etat (politique, culture, armée, économie, religion…).

Selon cet enseignement, Christ ne peut revenir tant que cet objectif n'a pas été atteint, ce qui signifie que le Créateur se trouve limité par sa créature !?
Aucun fondement biblique n'infirme cette doctrine et cette doctrine erronée détrône Christ et intronise l'homme.
Or, la Grande Commission formulée par Jésus n'a pas d'autre but que le salut des pécheurs et en aucun cas une visée de domination politique. L'Eglise de Jésus-Christ est un peuple spirituel avec une destine, des promesses et des récompenses célestes et non terrestres.

"**Jésus s'approcha et leur parla ainsi : Tout pouvoir m'a été donné dans le ciel et sur la terre. Allez, faites de toutes les nations des disciples, baptisez–les au nom du Père, du Fils et du Saint–Esprit, et enseignez–leur à garder tout ce que je vous ai prescrit. Et voici, je suis avec vous tous les jours, jusqu'à la fin du monde**". (Matthieu 28/18-20).

"**Béni soit le Dieu et Père de notre Seigneur Jésus–Christ, qui nous a bénis de toute bénédiction spirituelle dans les lieux célestes en Christ** "(Ephésiens 1/3)

"**Pour nous, notre cité est dans les cieux ; de là nous attendons comme Sauveur le Seigneur Jésus–Christ**" (Philippiens 3/20).

La destinée de l'Eglise est le Ciel, pas la terre, même ici-bas :

"**Si donc vous êtes ressuscités avec le Christ, cherchez les choses d'en haut, où le Christ est assis à la droite de Dieu. Pensez à ce qui est en haut, et non à ce qui est sur la terre**" (Colossiens 3/1-2).

Jésus a fait des promesses formelles à son Eglise :

"**Que votre cœur ne se trouble pas. Croyez en Dieu, croyez aussi en moi. Il y a beaucoup de demeures dans la maison de mon Père. Sinon, je vous l'aurais dit ; car je vais vous préparer une place. Donc, si je m'en vais et vous prépare une place, je reviendrai et je vous prendrai avec moi, afin que là où je suis, vous y soyez aussi**" (Jean 14/1-3).

"**Je vous ai parlé ainsi, pour que vous ayez la paix en moi. Vous aurez des tribulations dans le monde ; mais prenez courage, moi, j'ai vaincu le monde**" (Jean 16/33).

La Bible s'oppose frontalement à la théologie dominioniste, elle a annoncé des temps de persécution pour l'Eglise, a formulé des instructions précises à cet effet pour que les chrétiens au fil des siècles prennent courage et tiennent ferme après avoir tout surmonté. Elle enseigne que les croyants reçoivent leur capacité de Dieu au sein de l'affliction. Il n'est pas question d'une quête éperdue pour la conquête du monde et de son pouvoir temporel.

Pierre a dit : "**Béni soit le Dieu et Père de notre Seigneur Jésus–Christ qui, selon sa grande miséricorde, nous a régénérés, par la résurrection de Jésus–Christ d'entre les morts, pour une espérance vivante, pour un héritage qui ne peut ni se corrompre, ni se souiller, ni se flétrir et qui vous est réservé dans les cieux**" (1 Pierre 1/3-4).

b) Jésus et l'Etat

Jésus ne s'est jamais servi du pouvoir temporel pour arriver à ses fins, ce qui est hélas le cas du clergé au fil des siècles de l'histoire. Jésus a lui-même résisté au pouvoir politique, face à Hérode, ainsi qu'au pouvoir religieux de son époque, qui le calomniait, montait les gens contre lui et voulait le faire tuer.

Luc 13/32 "**Il leur dit : Allez dire à ce renard (il s'agit d'Hérode) : Voici : je chasse les démons et j'accomplis des guérisons aujourd'hui et demain ; et le troisième jour, ce sera pour moi l'achèvement**".

Aux religieux, Jésus parlait la langue de la vérité et son but était d'obéir au Père.
Face à Pilate, dans ce face à face saisissant, Jésus déclare :

"**Jésus répondit : Mon royaume n'est pas de ce monde. Si mon royaume était de ce monde, mes serviteurs auraient combattu pour moi, afin que je ne sois pas livré aux Juifs ; mais maintenant, mon royaume n'est pas d'ici–bas.**" (Jean 18/36).
"**A moi, tu ne parles pas ? Ne sais–tu pas que j'ai le pouvoir de te relâcher, et que j'ai le pouvoir de te crucifier ? Jésus répondit : Tu n'aurais sur moi aucun pouvoir, s'il ne t'avait été donné d'en–haut. C'est pourquoi celui qui me livre à toi est coupable d'un plus grand péché**". (Jean 19/10-11)

Que dire de Pierre et Jean ? Face aux religieux leur interdisant de prêcher l'Evangile ?

"**Alors ils les appelèrent et leur défendirent absolument de parler et d'enseigner au nom de Jésus. Pierre et Jean leur répondirent : Est-il juste, devant Dieu, de vous obéir plutôt qu'à Dieu ? A vous d'en juger, car nous ne pouvons pas ne pas parler de ce que nous avons vu et entendu** " (Actes 4/18-20).

Et Paul ? "**Et maintenant, est–ce la faveur des hommes que je désire, ou celle de Dieu ? Est–ce que je cherche à plaire aux hommes ? Si je plaisais encore aux hommes, je ne serais pas serviteur de Christ.**" (Galates 1/10).

c) le postmillénarisme

La théologie dominioniste enseigne qu'il n'y aura pas de gouvernement messianique de 1 000 ans et que ce que dit la Bible à ce propos obéit <u>au temps présent</u> et <u>maintenant</u>.

Elle enseigne que le Royaume de Dieu se construit par la conquête du pouvoir temporel, la création d'institutions religieuses, de méga-églises avec une destinée, des empires ecclésiastiques, etc. et que tant que cela n'aura pas eu lieu, Christ ne peut revenir.
En fait, ils disent que le Dieu souverain que les cieux des cieux ne peuvent contenir dépend de ce que nous faisons ou pas !

La Bible soutient au contraire une conception pré-millénariste, c'est-à-dire que le Royaume de Dieu ne sera pas instauré avant le Retour de Christ.

Le Royaume messianique concernant avant tout le peuple terrestre de Dieu, Israël, dont c'est la destinée promise.

Or, la théologie dominioniste a un problème : Israël et la restauration de ce peuple prophétisée dans les Ecritures, d'où l'invention par ses tenants du concept "d'Israël spirituel", notamment que Dieu aurait abandonné Israël pour l'Eglise et que c'est pour cette raison que nous vivons déjà dans le Royaume de Dieu.

Evidemment, la Bible s'inscrit en faux contre de telles affirmations non fondées, notamment dans Romains 11/1-2 : "**Je dis donc : Dieu a–t–il rejeté son peuple ? Certes non ! Car moi aussi, je suis Israélite, de la descendance d'Abraham, de la tribu de Benjamin. Dieu n'a pas rejeté son peuple qu'il a connu d'avance**".

Une doctrine théologique a donc été bâtie appelée théologie du remplacement : le remplacement supposé d'Israël par l'Eglise, qui serait l'Israël spirituel.

Là encore, l'Ecriture s'y oppose :

"**Je dis donc : Ont–ils trébuché afin de tomber ? Certes non ! Mais, par leur chute, le salut a été donné aux païens, afin de provoquer leur jalousie**" (Romains 11/11).

"**Je bénirai ceux qui te béniront, Je maudirai celui qui te maudira. Toutes les familles de la terre Seront bénies en toi**" (Genèse 12/3).

Revenons donc à davantage d'humilité car la grâce de Dieu nous est offerte à travers Israël et le salut vient des juifs, a dit Jésus (Jean 4/22).

"**Car je ne veux pas, frères, que vous ignoriez ce mystère, afin que vous ne vous regardiez pas comme sages : il y a endurcissement partiel d'Israël jusqu'à ce que la totalité des païens soit entrée. Et ainsi tout Israël sera sauvé, selon qu'il est écrit : Le libérateur viendra de Sion, Il détournera de Jacob les impiétés**" (Romains 11/25-26).

C'est on ne peut plus clair, il y a endurcissement partiel d'Israël pour un temps déterminé par Dieu mais la restauration spirituelle d'Israël est encore un fait à venir.

d) la négation de l'Enlèvement

Earl Paulk parlait d'échappatoire pour définir la mentalité de ceux qui croient en la doctrine biblique de l'Enlèvement de l'Eglise.

Le mauvais fruit de ce type de prédication est visible et, de plus, on oublie que les croyants sont des étrangers en pèlerinage sur cette terre. Or, comme nous l'avons vu dans le quatrième volet de cet ouvrage, la Bible affirme l'existence d'un Enlèvement de l'Eglise avant la Grande Tribulation et le Retour glorieux du Seigneur sur le Mont des Oliviers, en Israël, pour établir son royaume millénaire.

Or, comme nous avons pu le voir dans le 4ème volet de cet ouvrage, il est clair que les textes relatifs à l'Enlèvement sont un obstacle de taille face à la doctrine postmillénariste dont se servent les dominionistes.

Un texte aussi clair que 1 Thessaloniciens 4/15-17 distingue clairement les 2 phases du Retour de Jésus-Christ. Ces 2 phases sont bien naturelles. La 1ère phase, qui aura lieu sur les nuées du ciel, consiste pour l'Epoux, à venir enlever son Epouse, l'Eglise, qui est son peuple céleste. Son peuple céleste sera donc enlevé à sa rencontre dans le ciel.

La 2ème phase concerne le retour physique sur terre de Jésus, en tant Messie d'Israël, venant libérer son peuple terrestre, Israël, livrant bataille à l'antichrist et prêt d'être détruit.

Zacharie 14/1-3 : "**Je regrouperai toutes les nations A Jérusalem pour le combat ; La ville sera prise, Les maisons seront mises à sac Et les femmes violées ; La moitié de la ville partira en déportation, Mais le restant du peuple Ne sera pas retranché de la ville. L'Éternel sortira Et combattra ces nations, Comme au jour où il combat, Au jour de la bataille. Ses pieds se placeront en ce jour-là Sur le mont des Oliviers, Qui est vis-à-vis de Jérusalem, Du côté de l'orient ; Le mont des Oliviers se fendra Par le milieu, vers l'est et vers l'ouest, En une très grande vallée : Une moitié de la montagne reculera vers le nord Et l'autre moitié vers le sud**".

Viendra alors la restauration spirituelle d'Israël : "**En ce jour-là, Je chercherai à détruire toutes les nations Qui viendront contre Jérusalem. Alors je répandrai sur la maison de David Et sur les habitants de Jérusalem Un esprit de grâce et de supplication, Et ils tourneront les regards vers moi, Celui qu'ils ont transpercé. Ils porteront son deuil Comme on porte le deuil d'un (fils) unique, Ils pleureront amèrement sur lui, Aussi amèrement que sur un premier-né. En ce jour-là, Le deuil sera grand à Jérusalem, Comme le deuil d'Hadadrimmôn Dans la vallée de Meguiddo**". (Zacharie 12/9-11).

Et alors sera instauré le royaume de Christ sur la terre pour 1 000 ans, tandis que Satan aura été lié.

"**Puis je vis descendre du ciel un ange qui tenait la clef de l'abîme et une grande chaîne à la main. Il saisit le dragon, le serpent ancien, qui est le diable et Satan, et il le lia pour mille ans. Il le jeta dans l'abîme, qu'il ferma et scella au-dessus de lui, afin qu'il ne séduise plus les nations, jusqu'à ce que les mille ans soient accomplis. Après cela, il faut qu'il soit délié pour un peu de temps**". (Apocalypse 20/1-2).

S'agissant de l'Enlèvement, ajoutons encore que le Saint-Esprit qui a inspiré les Ecritures, nous a donné des indications prophétiques, par le biais de personnages types :

- Noé, sauvé avant le déluge,
- Lot, sauvé avant que Sodome et Gomorrhe ne soient détruits,
- Israël, sorti d'Egypte avant que ce peuple ne subisse sa colère,
- Rahab, préservée de la destruction de Jéricho,
- Elie enlevé sur un char de feu,
- Hénoc, celui qui marchait avec Dieu et ne fut plus car sa marche plaisait à Dieu, il fut enlevé.
-

En conclusion, face à la théologie dominioniste, je citerai encore les Ecritures :

"**Bien-aimés, je vous exhorte, en tant qu'étrangers et voyageurs, à vous abstenir des désirs charnels qui font la guerre à l'âme**" (1 Pierre 2/11).

Notre vocation est celle de voyageurs sur cette terre à laquelle nous sommes étrangers à cause de notre vocation céleste et non terrestre. Au lieu d'une soif de conquête du pouvoir temporel 1 Pierre 2/12 nous invite à un bon témoignage en matière d'œuvres bonnes et toute la Bible nous invite à proclamer le message de la croix, puissance de Dieu pour le salut de quiconque croit !

APPENDICE 3
LA NOUVELLE REFORME APOSTOLIQUE

Nous avons vu précédemment que l'église catholique cherche à ramener dans son sein "les catholiques qui se sont mis à part", comme le disait lors d'un voyage au Brésil le Pape Benoît XVI.

A travers une telle déclaration et les actions qui en découlent, en plus de l'instauration de ce qui est appelé une Nouvelle Réforme Apostolique, il est évident que l'esprit de "la Grande Prostituée" d'Apocalypse 17 est à l'œuvre pour séduire et parvenir à la conquête du pouvoir temporel.

Ce n'est pas un hasard si l'apôtre Paul a parlé de faux apôtres et que le Christ a évoqué les faux prophètes car nous assistons à l'émergence d'hommes et de femmes qui s'autoproclament apôtres et prophètes et ils prolifèrent. Pourtant, ils apportent un autre évangile !

"**Ces hommes–là sont de faux apôtres, des ouvriers trompeurs, déguisés en apôtres de Christ. Et ce n'est pas étonnant, car Satan lui–même se déguise en ange de lumière. Il n'est donc pas étrange que ses serviteurs aussi se déguisent en serviteurs de justice. Leur fin sera selon leurs œuvres**". (2 Corinthiens 11/13-15).

"**Mais si nous–mêmes, ou si un ange du ciel vous annonçait un évangile différent de celui que nous vous avons annoncé, qu'il soit anathème ! Nous l'avons dit précédemment, et je le répète maintenant : si quelqu'un vous annonce un évangile différent de celui que vous avez reçu, qu'il soit anathème !**" (Galates 1/8-9).

1) l'erreur consistant à faire des apôtres les instruments de la conquête des nations

L'ensemble de ces faux apôtres, face à l'ignorance de bon nombre de croyants en matière d'eschatologie (étude des fins dernières) sortent des textes de leur contexte. C'est ainsi qu'ils accaparent le Psaume 2/8, qui nous parle du Père s'adressant au Fils, qui est le récepteur de cette promesse, dans le contexte :

"**Demande–moi et je te donnerai les nations pour héritage, Et pour possession les extrémités de la terre**".

Eux affirment que les récepteurs de cette promesse sont les chrétiens, qui doivent prier le Père pour qu'il leur donne des villes et des nations maintenant. Ils déclarent aussi qu'il convient d'agir en conséquence et de changer la société de haut en bas (c'est le dominionisme déjà évoqué).

A partir de leur mauvaise interprétation du Psaume 2, ces faux apôtres disent que pour parvenir à ces fins, il faut définir une stratégie, celle qu'ils appellent la Nouvelle Réforme Apostolique, c'est-à-dire l'émergence du ministère des apôtres (selon Ephésiens 4/11) qui seraient les vecteurs et les moteurs de cette réforme à tout niveau.

Un de ces apôtres, Guillermo Maldonado, déclarait en substance, lors de sa Conférence Apostolique 2006 à Saint Domingue :

"Dieu nous a appelés, nous les apôtres, pour que nous mettions en œuvre toute cette réforme, en l'implantant dans l'Eglise ; la réforme est puissante car elle apporte le Réveil ; la réforme apporte l'ordre des choses…pour pouvoir le fil conducteur de ce que Dieu fait aujourd'hui, nous devons nous en remettre aux apôtres, car les apôtres ont accès à l'abondante révélation de l'Esprit de Dieu" .

La conséquence : tous les croyants se retrouvent dans la dépendance absolue de ces nouveaux apôtres qui auraient seul accès aux révélations et à qui on devrait se soumettre et s'en remettre.

Ces gens se placent au-dessus du sacerdoce universel des croyants !

L'apôtre Wilma Rueda parlait à Bogota, en Colombie, du 2 au 4 août 2007, lors d'un Congrès International Apostolique, de la nécessité de "*reconstruire le manteau apostolique de la nation*" pour réussir à conquérir les villes et les nations et posséder la terre.

2) **une fausse conception de ce qu'est la restauration ou rétablissement de toutes choses**

Pour parler de restauration, ils citent souvent Actes 3/21 : "**C'est lui que le ciel doit recevoir jusqu'aux temps du rétablissement de tout ce dont Dieu a parlé par la bouche de ses saints prophètes d'autrefois**". Ils déclarent que ce texte indique que Dieu va restaurer toutes choses pour que Christ revienne. Or, c'est tout le contraire de ce qu'affirme ce texte puisque c'est lorsque le temps de la restauration de toutes choses arrivera que le Christ Jésus va revenir pour accomplir celle-ci par son règne millénaire.

En fait, ces faux apôtres ont une pensée antibiblique, ils ne pensent qu'au matérialisme et à la conquête du pouvoir temporel.

Or, la Bible a des affirmations contraires :

"C'est par la foi qu'Abraham, obéit à l'appel (de Dieu) en partant vers un pays qu'il devait recevoir en héritage ; et il partit sans savoir où il allait. C'est par la foi qu'il vint s'établir dans la terre promise comme en un pays étranger, habitant sous des tentes, ainsi qu'Isaac et Jacob, héritiers avec lui de la même promesse. Car il attendait la cité qui a de solides fondations, celle dont Dieu est l'architecte et le constructeur." (Hébreux 11/8-10).

"**Nous savons que nous sommes de Dieu, et que le monde entier est au pouvoir du Malin**" (1 Jean 5/19).

3) Un faux enseignement : la continuité du ministère apostolique des 12

Luc 6/12-13 "**En ce temps–là, Jésus se rendit à la montagne pour prier, et il passa toute la nuit dans la prière à Dieu. Quand le jour parut, il appela ses disciples et en choisit douze, auxquels il donna le nom d'apôtres**".

Le mouvement G12 se sert de ce qu'a fait Jésus pour le définir comme un modèle de gouvernement de l'Eglise. Or, le choix des 12 par Jésus était un choix souverain qui ne s'est pas reproduit et que Jésus n'a pas enseigné. Le ministère de ces hommes était unique et aura même sa prolongation dans le Royaume Messianique :

"**Jésus leur répondit : En vérité je vous le dis, quand le Fils de l'homme, au renouvellement de toutes choses, sera assis sur son trône de gloire, vous de même qui m'avez suivi, vous serez assis sur douze trônes, et vous jugerez les douze tribus d'Israël.**" (Matthieu 19/28).

4) La prédominance du ministère d'apôtre

Guillermo Maldonado affirmait : "*L'apôtre d'aujourd'hui doit poser les fondements doctrinaux dans les églises et les pasteurs doivent suivre cette même ligne. L'apôtre est au-dessus des pasteurs ou des anciens des églises et les dirige*".

L'apôtre devient donc, selon cette thèse, l'hiérarque qui fait dire aux croyants via le pasteur soumis à son autorité ce qu'il doit croire ! C'est dangereux !

La Bible dit : "**Vous avez été édifiés sur le fondement des apôtres et des prophètes, Jésus–Christ lui–même étant la pierre de l'angle**" (Ephésiens 2/20). Pas besoin donc de ces nouveaux apôtres pour établir la doctrine, celle des apôtres de Jésus et des prophètes de l'Ancien Testament est suffisante !

En effet, leur commentaire d'Ephésiens 2/20 est tiré par les cheveux. En effet, ce texte biblique ne nous parle pas d'une autorité ecclésiastique mais de la croissance et de la maturité du croyant lorsqu'il est édifié sur la doctrine des apôtres et des prophètes, à savoir la doctrine de ces hommes qui ont reçu l'inspiration, la révélation de la parole qui est la Bible, Parole de Dieu.

Au sujet de ce texte, le commentateur Matthew Henry dira : "*L'Eglise est comparée à un édifice. Les apôtres et les prophètes sont la fondation de cet édifice. Bien que nous pourrions l'appeler fondement secondaire, car Christ lui-même en est le principal fondement. Nous devons néanmoins la comprendre en référence à la doctrine apportée par les prophètes de l'Ancien Testament et les Apôtres du Nouveau*".

John Wesley écrivait, dans ses "notes explicatives de Toute la Bible" : "*Comme la fondation soutient l'édifice, ainsi la Parole de Dieu, déclarée par les apôtres et les prophètes, soutient la foi de tous les croyants. Dieu a construit sur leur fondation, mais Christ est la pierre principale de la fondation*".

Il est donc clair que les nouveaux apôtres autoproclamés n'ont aucune autorité pour bâtir de nouvelles doctrines.
Un autre promoteur de la Nouvelle Réforme Apostolique, Bill Hamon, déclarait dans un article "The Third Apostolic Reformation", repris par Jeannette Haley '(Kingdom Theology) : "*nous apôtres, avons été appelés à poser les fondements nouveaux d'une nouvelle Ere ; les fondements pour l'aube de l'ère du Nouveau Royaume. Nous sommes dans les douleurs de l'enfantement préalables à la naissance d'un nouvel ordre*".

Une telle déclaration est pour le moins étrangère et surtout non biblique mais la naissance d'un nouvel ordre religieux va de pair avec celle d'un nouvel ordre mondial, l'esprit de l'antichrist est on ne peut plus à l'œuvre à travers ses ouvriers d'iniquité.

C. Peter Wagner, qui est le théoricien de cette Nouvelle Réforme Apostolique, déclarait sur CBN, le 3 janvier 2000, lors d'une interview : "*Je crois que le gouvernement de l'Eglise est sur le point de se mettre en place et c'est ce que l'Ecriture enseigne en Ephésiens 2/20, que le fondement de l'Eglise, ce sont les apôtres et les prophètes*". Quelle torsion et quelle déformation de la Parole ! S'approprier le ministère des apôtres de Jésus-Christ d'une telle façon !

Guillermo Maldonado, extasié par son aura de nouvel apôtre, déclarait toujours à Saint Domingue : "*l'apôtre a une compréhension plus grande que celle du pasteur, puisque celui-ci ne voit pas au-delà des 4 murs du temple, tandis que l'apôtre a une vision du Royaume. L'apôtre est celui qui dirige, c'est lui qui vient devant et qui unit les 5 ministères (Ephésiens 4/11). L'apôtre a une grande autorité de l'Esprit. Le pasteur ne pense qu'à son église, tandis que l'apôtre pense : « comment allons-nous prendre la ville de Saint Domingue ?*"

Cet homme orgueilleux se prêche lui-même en se servant de ces déclarations qui sonnent pour les gens crédules comme autant de révélations. Quelle différence avec les apôtres de Jésus et l'apôtre Paul :

"**Nous ne nous prêchons pas nous–mêmes ; c'est le Christ–Jésus, le Seigneur, que nous prêchons, et nous nous disons vos serviteurs à cause de Jésus**" (2 Corinthiens 4/5).

Dans cette Nouvelle Réforme Apostolique, l'apôtre est placé au-dessus des anciens et des pasteurs et même au-dessus des 12 apôtres de Christ qui eux-mêmes ne se plaçaient qu'au niveau d'anciens :
"**J'exhorte donc les anciens qui sont parmi vous, <u>moi, ancien comme eux</u>, témoin des souffrances du Christ et participant à la gloire qui doit être révélée**" (1 Pierre 5/1).

Jean écrit : " **<u>L'ancien</u>, à Kyria l'élue et à ses enfants que j'aime dans la vérité — et non pas moi seulement, mais aussi tous ceux qui ont connu la vérité**"

Il est étrange que ces grands apôtres ne reçoivent pas la révélation de la signification d'une telle parole, évidemment claire, qui ramène à plus d'humilité ! Il est évident que ces PDG de super-églises ont d'autres chats à fouetter ! L'humilité qui était leur caractéristique en Christ ne les empêchait pas d'avoir part à la gloire qui doit être révélée.

Maldonado poursuit : "*L'apôtre a une mentalité de guerre et il t'enseigne à être un guerrier, tandis que le pasteur ne se préoccupe que d'embrasser et de bichonner les brebis*".

5) <u>Pourquoi la Nouvelle Réforme Apostolique ?</u>

Une fois de plus, Guillermo Maldonado explique que l'Eglise de Jésus-Christ est remplie de vieux paradigmes et qu'il faut que de nouveaux apôtres viennent apporter un changement à ces méthodes révolues car les pasteurs ignorent comment faire.

Il est étrange que le Saint-Esprit appelle des pasteurs et les place à des endroits et dans une responsabilité alors qu'ils ne savent comment faire !

Bien sûr, on nous ressert à travers l'histoire des vieux paradigmes Matthieu 9:17, où Jésus dit :

"**On ne met pas non plus du vin nouveau dans de vieilles outres, autrement, les outres se rompent, le vin se répand et les outres sont perdues, mais on met le vin nouveau dans des outres neuves, et l'ensemble se conserve**".

On justifie cette Nouvelle Réforme par cette déclaration de Jésus, ce qui donne alors prétexte d'inventer tout et n'importe quoi et de le véhiculer dans l'Eglise pour séduire.
Bill Hamon affirme : "*L'Eglise du XXIème siècle ne ressemblera pas à l'Eglise d'aujourd'hui. Les apôtres et les prophètes des derniers jours qui sont vivants*

aujourd'hui prendront l'Eglise au travers de la transition de la dispensation de la grâce à la dispensation du Royaume et de la dispensation de l'église morte à l'église immortelle".

Voilà que ces super apôtres prétendent faire mieux que le Christ, qui a dit : "je bâtirai mon Eglise" (Matthieu 16/18).

Le problème est qu'ils veulent se rendre indispensables vis-à vis des autres croyants, pensant être des oints spéciaux qui peuvent entreprendre des actions de guerre spirituelle avec une autorité spéciale.

L'apôtre costaricien Rony Chaves se vante aussi de ce type de prouesses, il est allé jusqu'à oindre la frontière entre la République Dominicaine et Haïti et y décréter des choses.

Au fond, la Nouvelle Réforme Apostolique se substitue au Saint-Esprit pour conduire l'Eglise de Jésus-Christ.

Maldonado enseigne encore : "*Les apôtres sont les bâtisseurs du Royaume. Ce sont eux qui détiennent les plans du discipulat, de la louange, de l'adoration et de l'évangélisation. Les apôtres reçoivent une abondante révélation de Dieu, c'est-à-dire des choses qui sont dans la Bible mais que, à cause de nos traditions nous ne recevons pas. Alors Dieu prend ces vérités et les révèle à l'apôtre pour qu'il les fasse connaître au peuple. Les apôtres activent les dons spirituels des saints. Quand ils arrivent à l'église, c'est ce qu'ils font, partout où il veut que j'aille, Dieu accélère les choses*".

La Bible ne dit pas que les apôtres seraient les seuls dépositaires de révélations et de connaissance. Elle dit au contraire que tous les croyants sont au bénéfice de la connaissance de Dieu : "**Vous–mêmes, vous avez une onction de la part de celui qui est saint, et tous, vous avez la connaissance**" (1 Jean 2/20).

Les apôtres ne sont pas là pour prendre la place du Saint-Esprit et la suprématie du ministère d'apôtre sur les autres ministères n'est pas prévue dans la Bible, tout comme le don des ministères à l'Eglise dans la complémentarité n'a pas pour vocation de les amener à conquérir villes et nations et le pouvoir temporel :
"**C'est lui qui a donné les uns comme apôtres, les autres comme prophètes, les autres comme évangélistes, les autres comme pasteurs et docteurs, pour le perfectionnement des saints. Cela en vue de l'œuvre du service et de l'édification du corps du Christ, jusqu'à ce que nous soyons tous parvenus à l'unité de la foi et de la connaissance du Fils de Dieu, à l'état d'homme fait, à la mesure de la stature parfaite du Christ**" (Ephésiens 4/11-13).

6) les apôtres et la croissance numérique

Les nouveaux apôtres sont férus de croissance numérique et tentent de culpabiliser "les petits pasteurs" qui n'arrivent pas à faire grandir le troupeau mais qui en prennent soin.

Maldonado dit : "*les apôtres bâtissent des méga-églises dans la ville ; ils implantent des églises avec puissance et elles se multiplient rapidement*".

Je ne pense pas que l'apôtre soit le facteur et le moteur de la croissance et il ne devrait se considérer que comme un instrument de Dieu, rien d'autre :

"**J'ai planté, Apollos a arrosé, mais Dieu a fait croître. Ainsi, ce n'est pas celui qui plante qui est quelque chose, ni celui qui arrose, mais Dieu qui fait croître**" (1 Corinthiens 3/6-7).

"**L'Église était en paix dans toute la Judée, la Galilée et la Samarie ; elle s'édifiait, marchait dans la crainte du Seigneur et progressait par l'assistance du Saint–Esprit**" (Actes 9/31).

Le moteur de la croissance de l'Eglise est le Saint-Esprit et personne d'autre. Jamais Paul ni les autres apôtres ne se sont attribués le mérite de la croissance numérique de l'Eglise ; pourtant, suite à sa prédication le jour de la Pentecôte, Pierre a vu l'Eglise grandir soudainement, 3 000 âmes ayant été ajoutées à l'Eglise (Actes 2/41).

7) Les nouveaux apôtres à la lumière de la Bible

La base de l'apostolat dans le nouveau Testament était le fait d'avoir été un témoin visuel du ministère de Jésus dès son baptême au Jourdain jusqu'à son ascension a ciel, après sa mort et sa résurrection. Quant à lui, Paul, en défendant son apostolat, rendait témoignage qu'il avait vu personnellement Jésus mais aussi qu'il avait reçu l'évangile par révélation directe.

"**Ne suis–je pas libre ? Ne suis–je pas apôtre ? N'ai–je pas vu Jésus notre Seigneur ? N'êtes–vous pas mon œuvre dans le Seigneur ?**" (1 Corinthiens 9/1).

"**Je vous déclare, frères, que l'Évangile qui a été annoncé par moi n'est pas de l'homme car moi–même je ne l'ai ni reçu ni appris d'un homme, mais par une révélation de Jésus–Christ**". (Galates 1/11-12).

Personne aujourd'hui ne peut prétendre avoir appris l'évangile par révélation, chacun le reçoit au travers de la prédication. Or, les apôtres du Seigneur ont reçu un apprentissage direct, assis 3 ans aux pieds du Seigneur et Paul a reçu une révélation directe spéciale.

Mais que dire quant à Jacques, le frère du Seigneur, appelé apôtre en Galates 1/19 et Barnabas ?

Le terme apôtre est la traduction du grec *Apostolos* qui signifie littéralement "envoyé". Selon le Dictionnaire Vine, ce terme est utilisé pour Jésus afin de décrire sa relation avec Dieu (Hébreux 3/1) et les 12 disciples choisis pour recevoir une instruction spéciale (Luc 6/13 ; 9/10).

Paul avait vu Jésus mais n'avait pas accompagné les disciples durant 3 ans, mais il a reçu une révélation directe de la part du Seigneur lui-même, après son ascension, afin d'aller apporter l'Evangile aux païens. S'agissant des autres personnes appelées apôtres qui apparaissent dans la Bible en dehors des 12, comme Barnabas (Actes 14/14), Andronicus et Junias (Romains 16/7), Epaphrodite (Philippiens 2/25), le mot peut être traduit par messager, envoyé pour une mission.

8) Opinions sur cette Nouvelle Réforme Apostolique

a) 1er Sommet latino-américain des Assemblées de Dieu

Ce sommet s'est réuni du 12 au 16 septembre 2005 et s'est prononcé sur l'apostolat moderne, disant que le Mouvement Apostolique contemporain se définit en termes de pouvoir et d'autorité anthropocentrique et que, par conséquent, il ne correspond pas à une véritable exégèse du Nouveau Testament. On ne doit en effet pas créer une nouvelle élite d'apôtres, de tels réseaux ne correspondent pas au modèle du Nouveau Testament. L'Eglise doit prendre en compte l'avertissement des Saintes Ecritures concernant les faux apôtres et donc aiguiser son discernement afin de les identifier.

b) L'Eglise de Dieu, au Pérou

Lors de son Congrès Pastoral du 12 au 14 janvier 2006, l'Eglise de Dieu du Pérou a fait une déclaration sur le ministère quintuple et dit : "*L'Eglise de Dieu du Pérou refuse toute mauvaise interprétation de la Parole de Dieu pour la justification de modèles de leadership actuels mal dénommés « apostoliques et prophétiques ». Elle définit le « Mouvement Apostolique » moderne comme un phénomène socio-culturel de nature religieuse, plutôt qu'un mouvement missiologique avec des principes bibliques. L'Eglise de Dieu du Pérou croit que le dénommé « mouvement apostolique » propose une compréhension du terme apôtre qui contredit notre interprétation des Saintes Ecritures. L'identité pentecôtiste de l'Eglise de Dieu n'admet pas comme modèle de leadership la proposition de ce mouvement*".

c) **La Confédération des Eglises Evangéliques Fondamentalistes du Pérou (CIEF-PEROU)**

Lors de son congrès pastoral de février 2006 sur l'apostolat moderne, le CIEF a dit : "*Jésus a appelé et mandaté seulement 12 apôtres (Marc 3/16-19), Judas le traître a été remplacé par Matthias et ordonné par les apôtres et aucun autre, à l'exception de Paul (Actes 1/26) ; Paul a été appelé et ordonné par Jésus-Christ et non par les hommes, pour être apôtre des Gentils (Actes 9/15-17) et Barnabas a été mentionné comme apôtre, mais dans un autre sens, en tant que missionnaire, quelqu'un de mandaté avec un message, un ambassadeur mais il n'a pas été ordonné avec les 13 ; Il ne s'est jamais lui-même appelé : « Je suis l'apôtre des gentils », comme Paul l'a fait (Actes 11/24 ; 9/27 ;14/14).*

Par conséquent, nous recommandons de ne pas utiliser ou pratiquer le concept d'Apostolat Moderne, car il n'existe pas dans l'Eglise actuelle. Quiconque se proclame apôtre génère de la confusion et ne réunit pas les conditions pour être un apôtre, comme celle d'être témoin oculaire de la crucifixion et de la résurrection de Christ. Observons encore qu'il est très osé pour un pasteur, ministre, ancien, docteur ou évêque de recevoir et d'être ordonné apôtre et de prendre ce titre si élevé. Pour nous, c'est actuellement une menace pour l'Eglise fidèle".

d) **Les Assemblées de Dieu des Etats-Unis**

Dans sa Déclaration Officielle sur les apôtres et prophètes, adoptée le 6 août 200, le Conseil Général des Assemblées de Dieu des Etats-Unis affirme : "*Etant donné que le Nouveau Testament ne fournit aucune instruction pour la nomination de futurs apôtres, de tels titres contemporains ne sont pas essentiels à la santé ou à la croissance de l'église, ni à sa nature apostolique. Les épîtres pastorales n'apportent pas d'information au sujet de la nomination d'apôtres ni de prophètes et le livre des Actes n'indique pas qu'une telle provision ait été donnée aux églises établies lors des voyages missionnaires. Les apôtres n'ont nommé ni apôtres ni prophètes mais des anciens (Actes 14/23). Lorsqu'il eut terminé ses voyages missionnaires, Paul s'est réuni avec les anciens de l'église d'Ephèse (Actes 20/17-38). Il est clair qu'aux anciens a é été donnée la fonction d'évêques (surveillants) et pasteurs (Actes 20/28 ; 1 Pierre 5/2). Dans les Assemblées de Dieu, les personnes ne sont pas reconnus par le titre d'apôtre ou de prophète*"

GLOSSAIRE

Mi-tribulationnisme : cette position théologique soutient que l'Enlèvement de l'Eglise aura lieu au milieu de la Grande Tribulation.

Prémillénarisme : Le prémillénarisme admet que Jésus-Christ doit revenir avant le millénium. Il est visible que l'humanité fait faillite : aucun effort des nations ni des Eglises ne réussit à établir le royaume de Dieu (ou l'âge d'or) ici-bas. La seule solution possible est l'instauration glorieuse du règne du Messie. Sa venue accomplira le plan divin tenu en échec par la chute d'Eden : le Seigneur prendra sa revanche non seulement en jugeant les impies, mais en faisant de la terre un paradis. L'opposition de certains à l'égard du prémillénarisme vient surtout de l'idée qu'un royaume terrestre et glorieux où Israël aurait un rôle à jouer, marquerait un recul par rapport au salut spirituel apporté par la mort, la résurrection et l'ascension du Christ. Mais nous croyons précisément que le Seigneur accomplira toutes ses promesses : celles qu'il a faites à Israël et à la terre, comme celles qui concernant son royaume éternel. (*Définition tirée du Nouveau Dictionnaire Biblique révisé et augmenté, Ed. Emmaüs*)

Prétribulationnisme : cette position théologique soutient que l'Enlèvement de l'Eglise aura lieu avant la Grande Tribulation.

Postmillénarisme : Le postmillénarisme enseigne que la 1ère venue de Christ et les conquêtes de l'Evangile ont si bien lié Satan, que l'humanité entre peu à peu dans l'âge d'or : le Seigneur n'aura bientôt plus qu'à revenir pour l'introduire dans l'éternité. C'est la conception que l'Eglise romaine et d'un bon nombre de protestants, pour lesquels le terme de "mille ans" représente symboliquement une longue durée indéterminée, qui couvre à peu près l'ère de l'Eglise militante.
Après les 2 guerres mondiales, les fours crématoires et la bombe atomique, il semble bien difficile d'admettre une telle interprétation ; ou alors, si Satan est actuellement lié, sa chaîne est décidément bien longue ! (*définition tirée du Nouveau Dictionnaire Biblique révisé et augmenté, Ed. Emmaüs*)

Post-tribulationnisme : cette position théologique soutient que l'Enlèvement de l'Eglise aura lieu après la Grande Tribulation. Pour cette position, l'Enlèvement de l'Eglise et l'avènement de Christ en gloire sur la terre sont un seul et même évènement.

Oui, je veux morebooks!

i want morebooks!

Buy your books fast and straightforward online - at one of world's fastest growing online book stores! Environmentally sound due to Print-on-Demand technologies.

Buy your books online at
www.get-morebooks.com

Achetez vos livres en ligne, vite et bien, sur l'une des librairies en ligne les plus performantes au monde!
En protégeant nos ressources et notre environnement grâce à l'impression à la demande.

La librairie en ligne pour acheter plus vite
www.morebooks.fr

VDM Verlagsservicegesellschaft mbH
Heinrich-Böcking-Str. 6-8
D - 66121 Saarbrücken

Telefon: +49 681 3720 174
Telefax: +49 681 3720 1749

info@vdm-vsg.de
www.vdm-vsg.de

www.ingramcontent.com/pod-product-compliance
Lightning Source LLC
Chambersburg PA
CBHW022015160426
43197CB00007B/441